suhrkamp taschenbuch 2458

Eugen Drewermann, geboren am 20. 6. 1940 in Bergkamen. Nach dem Studium der Philosophie, Theologie und Psychologie, ist er 1966 zum Priester geweiht worden. Aufgrund seiner Initiativen zu Reformen in der katholischen Kirche wurde er seines Amtes enthoben und ihm 1991/92 die Lehr- und Predigterlaubnis entzogen. Seit 1977 publizierte er mehr als 50 Bücher, u. a. *Strukturen des Bösen*, 3 Bde. (1978), *Der Krieg und das Christentum* (1982), *Psychoanalyse und Moraltheologie* (1982/84), *Kleriker – Psychogramm eines Ideals* (1989), 4 Werke zur Deutung der Evangelien (1990/92), *Der tödliche Fortschritt* (1991), *Grimms Märchen, tiefenpsychologisch gedeutet* (11 Bde.).

Im Mai 1994 hat Eugen Drewermann das 8. Internationale Hermann-Hesse-Colloquium in Calw mit einem aufsehenerregenden Vortrag eröffnet. Dieser Text über die Aktualität und Sprengkraft von Hesses Denken als einer zukunftsweisenden Alternative zu den konformistischen Tendenzen eines »universell vernetzten Systems zur Vermehrung des Geldes mit Hilfe von Geld, der Umwandlung von Moral in ein Mittel der Machterhaltung und der Reduktion von Information auf Manipulation und Vermarktung« wird hier erstmals einem größeren Publikum zugänglich gemacht. Außerdem enthält der Band eine frühe unveröffentlichte Arbeit des Theologen und Therapeuten über Hesses Erzählung »Narziß und Goldmund« aus psychoanalytischer Sicht.

»Pädagogisch, psychologisch, politisch, moralisch, religiös – in fünf Bereichen mindestens hat Hermann Hesse, der Bücher nur schrieb, um lebendig zu sein und Bücher nur rezensierte, wie man Kranken Medikamente empfiehlt, in den Auseinandersetzungen seines Lebens etwas Exemplarisches durchlitten und erstritten, das unwiderleglich und kostbar ist: das Recht und die Rechtfertigung, ein Individuum zu sein.«

Eugen Drewermann

Eugen Drewermann
Das Individuelle gegen das Normierte verteidigen

Zwei Aufsätze
zu Hermann Hesse

Mit einem Nachwort
von Volker Michels

Suhrkamp

Umschlagfoto: Hermann Hesse um 1937, aufgenommen von
Martin Hesse

suhrkamp taschenbuch 2458
Erstausgabe
Erste Auflage 1995
© Suhrkamp Verlag Frankfurt am Main 1995
Alle Rechte vorbehalten, insbesondere das des öffentlichen Vortrags,
der Übertragung durch Rundfunk und Fernsehen sowie der Übersetzung,
auch einzelner Teile.
Satz: Fotosatz Uhl + Massopust, Aalen
Druck: Nomos Verlagsgesellschaft, Baden-Baden
Printed in Germany
Umschlag nach Entwürfen von
Willy Fleckhaus und Rolf Staudt

1 2 3 4 5 6 – 00 99 98 97 96 95

Das Individuelle gegen das Normierte verteidigen

Vermutlich hat der amerikanische Regisseur Sidney Lumet[1] in seinem Film *Network* aus dem Jahre 1976 ganz recht: Das Individuum ist tot. Was sich an seine Stelle gesetzt hat, ist ein multinationales, multilaterales, globales Konsortium des Kapitals aus Konzernen, Trusts, Holdings und Aktiengesellschaften im Bereich der Petrochemie, der Atomindustrie, der Rüstungsindustrie, der Agrarindustrie, von Im- und Export, von Immobilien, Nahrung, Kleidung und Genuß, Dienstleistung und Versicherung, ein universell vernetztes System der Vermehrung von Geld mit Hilfe von Geld, ein neuer Gott, dem man dient mit den Lügen der politischen Propaganda, der Umwandlung der Moral in ein Mittel des Machterhalts, der Reduktion von Information auf Manipulation und der Vermarktung des menschlichen Lebens auf dem Basar vermeintlicher Affären, Sensationen und Skandale. Es scheint gegen diese Hydra kein Kraut mehr gewachsen. Da werden mit absolut gutem Gewissen gräßliche Kriege mit Hunderttausenden von Toten zum unterhaltsamen Videospiel, da werden nach wochenlangem Dauerbombardement auf kilometerlangen Frontabschnitten Menschen in Bulldozern überrollt und lebendig begraben[2], da gilt es für politische Verantwortung, den atomaren Tod für beliebig viele Millionen Menschen in zwei bis drei Minuten knopfdruckfertig zu planen und zu organisieren, da feiern wir als politische Größe noch immer die Fähigkeit, das Zusammenspiel von Militärs und Multimillionären möglichst machtbesessen zum eigenen Vorteil auszunutzen und den Egoismus von Staaten und Nationen als Pflicht und Recht auszugeben. Weder Wissenschaft noch Wirtschaft bieten in dieser Lage eine Hoffnung. Sie können das Individuum nicht brauchen und scheinen es Zug um Zug zu erübrigen. Laboranten, Assistenten, Funktionäre und Vertreter haben den Typ des Unternehmers und Dozenten vergangener Zeiten an den Rand gedrängt, und was am schlimmsten ist: selbst die Religion, welche die wichtigste Stütze des Menschlichen sein sollte, verkommt unter den Händen bischöflicher Kirchenbeamter zur metaphysischen Ideologiefabrikantin der bürgerlichen Durchschnittswerte Ehe, Eigentum und eherne »Erziehung« im Sinn von Tradition, Gehorsam, Disziplin, Karrieremimikry und Selbstverleugnung. Aus dem Tempel der Freiheit des Menschen ist eine zu Ende dogmatisierte, ritualisierte und konfessionalisierte Opferstätte des selbständigen Denkens und der persönlichen Entfaltung geworden, ein Ort des Aberglaubens, des Gewissenszwangs und der konfirmierten Kirchenkonformität. Der einzige, der den Einzelnen (nach der Dudenrechtschreibung fälschlich klein geschrieben) wirklich noch braucht, ist der Einzelne selber; dann freilich auch alle anderen. Denn so viel ist klar: nur das einzelne Tier, nur der einzelne Mensch vermag zu leiden, zu lieben, zu lachen, zu träumen, zu tanzen und glücklich zu sein; Gedanken, ob richtige oder falsche, Gefühle, ob moralische oder unmoralische, Leidenschaften, ob edle oder kriminelle, Visionen, ob prophetische oder paranoische, trägt in sich ganz allein das kleine Ich des Einzelnen. Nur in ihm malen sich Himmel und Hölle, spiegeln sich Sterne und Steine, kondensieren Milchstraßen und Meere zu Orten der Ordnung und Bildern der Sehnsucht.

Ohne das Individuum gibt es weder den Ernst der Entscheidung noch die Fähigkeit zur Reue, weder die Trauer des Tragischen noch den Trost der Erneuerung, weder die Angst vor der Einsamkeit noch den Anfang wahrer Gemeinsamkeit. Nichts scheint wichtiger, als in einer Zeit, die sich zunehmend des Einzelnen zu entledigen scheint, den Einzelnen gegen die Zeit zu verteidigen.

Ist es da ermutigend, ist es entmutigend zu wissen, daß dieser Auftrag zeitlos ist? Bedroht war der Einzelne immer schon, nicht erst in der Massenkultur des Industriezeitalters, nicht erst in den Übersicht vortäuschenden Zeiteinteilungen von »Moderne« und »Postmoderne«, *immer schon*, weil es zum Wesen des Einzelnen zählt, ausgesetzt, schutzlos, *riskiert* zu sein. Niemand deshalb wählt die Vereinzelung freiwillig, wenngleich alle Freiheit nur durch sie zustande kommt; immer ist es ein innerer Zwang, dem verformenden Druck des Äußeren standzuhalten, aus dem große Individuen hervorgehen; eben darin aber stehen sie, gleich, welcher Berufung sie folgen, stellvertretend für den Auftrag eines jeden Menschenlebens: sich selbst zu finden und sich einem größeren Gemeinsamen zu verbinden. Alle gesellschaftlichen Interessen richten sich dagegen, doch richten sie dadurch sich selber. Ein Mensch ist zu schade, Interessen zu dienen. Es ist daher nicht nötig, das Individuum zu verteidigen – das muß es selbst besorgen, entsteht es doch allererst aus der Kraft, die es aufwendet, selber zu werden. Aber helfen dabei kann man ihm schon, Partei für es ergreifen sollte man unbedingt; und vor allem vermag es nützlich zu sein, der Reihe nach einmal all die *Einwände* durchzugehen, die typischerweise einem jeden entgegengestellt werden, der sich auf den gefahrvollen Weg der Individuation begibt.

Nicht als Führer, wohl aber als Freund, nicht als Lehrer, wohl aber als liebender Begleiter, nicht als Propagandist einer philosophischen Idee, wohl aber als ein Mensch, sprechend zu Menschen[3], kann auf den Pfaden persönlicher Vermenschlichung Hermann Hesse wie kein anderer Dichter deutscher Sprache uns zur Seite stehen. An seiner Person läßt sich lernen, was als bloße Formel, als reines Gebot, als sittliches Vorbild nicht lehrbar noch lernbar sein kann: daß sich nichts *mehr* lohnt auf Erden, als gegen alles Verdrehen, Mißverstehen und Verleumden, gegen alles Verehren, Verklären und Vermarkten, den Weg nach Innen[4] zu gehen und den Bau der Persönlichkeit[5] niemals abzubrechen. *Pädagogisch, psychologisch, politisch, moralisch, religiös* – in fünf Bereichen mindestens hat er, der Bücher nur schrieb, um lebendig zu sein, und Bücher nur rezensierte, wie man Kranken Medikamente empfiehlt[6], in den Auseinandersetzungen seines Lebens etwas Exemplarisches durchlitten und erstritten, das unwiderleglich und kostbar ist: das Recht und die Rechtfertigung, ein Individuum zu sein. »Meine Dichtungen«, bekannte H. Hesse, »sind alle ohne Absichten, ohne Tendenzen entstanden. Wenn ich aber nachträglich nach einem gemeinsamen Sinn in ihnen suche, so finde ich allerdings einen solchen: vom *Camenzind* bis zum *Steppenwolf* und *Josef Knecht* können sie alle als eine Verteidigung (zuweilen auch als Notschrei) der Persönlichkeit, des Individuums gedeutet werden. Der einzelne einmalige Mensch mit seinen Erbschaften und Möglichkeiten, seinen Gaben und Neigungen ist ein zartes, gebrechliches Ding, er kann wohl einen

Anwalt brauchen. Und so wie er alle großen und starken Mächte gegen sich hat: den Staat, die Schule, die Kirchen, die Kollektive jeder Art, die Patrioten, die Orthodoxen und Katholiken aller Lager, die Kommunisten oder Faschisten nicht minder, so habe ich und haben meine Bücher immer alle diese Mächte gegen sich gehabt und bekamen ihre Kampfmittel, die anständigen wie die brutalen und gemeinen, zu spüren. Es wurde mir tausendmal bestätigt, wie gefährdet, schutzlos und angefeindet der Einzelne, der nicht Gleichgeschaltete in der Welt steht, wie sehr er des Schutzes, der Ermutigung, der Liebe bedarf.«[7]

Einer solchen Liebe und Ermutigung bedürfte ein Mensch insbesondere *am Anfang seines Lebens,* und wenn es für Eltern, Lehrer und »Erzieher« an der Biographie H. Hesses *pädagogisch* etwas zu erkennen gibt, so ist es die simple Tatsache, daß ein Kind nur dann gerade zu wachsen vermag, wenn man es in seinen Eigenarten zu fördern sucht. Natürlich, man kann Kinder *unterm Rad*[8] aufwachsen lassen; man kann ihren Charakter »formen« und »stählen« bis zum Zerbrechen des Rückgrats, man kann ihre Neugier, ihr Interesse, ihre Freude am Leben zermahlen durch ein stumpfes Einpauken toten Wissens zum fixen Hersagen in der »Prüfung«, man kann mit Strafen, Angst und Einschüchterung jeden Ansatz zur Rebellion unterdrücken, doch welch ein Mensch ist dann das Ergebnis? Nicht ohne Stolz bemerkte H. Hesse in seinem Lebenslauf für das Nobel-Komitee »nicht leicht erziehbar« gewesen zu sein und »der pietistischen Erziehung, die ein Unterdrücken und Brechen der Individualität anstrebte, viele Schwierigkeiten bereitet« zu haben[9]; ja, in seiner *Erinnerung an Hans,* an seinen Bruder, der sich 1935 als ein Opfer mißbrauchter Lehrermacht das Leben nahm, wie Hesse es sah, fügt er hinzu: »wir lebten unter einem strengen Gesetz, das vom jugendlichen Menschen, seinen natürlichen Neigungen, Anlagen, Bedürfnissen und Entwicklungen sehr mißtrauisch dachte und unsere angeborenen Gaben, Talente und Besonderheiten keineswegs zu fördern oder gar ihnen zu schmeicheln bereit war. Es war das pietistisch-christliche Prinzip, daß des Menschen Wille von Natur und Grund aus böse sei und daß dieser Wille also erst gebrochen werden müsse, ehe der Mensch in Gottes Liebe und in der christlichen Gemeinschaft das Heil erlangen könne.«[10]

Von Anfang an stellt sich da die alternative Frage, was Elternhaus und Schule, was Erziehung und Pädagogik eigentlich sollen: den »Bock«, also den »Teufel« im Menschen austreiben oder das Heranreifen der eigenen Person fördern. Das bis heute vermittelte Menschenbild der kirchlichen Dogmatik mit ihren düsteren Lehren von Erbschuld, Verderbtheit und Verdammnis ist von vornherein darauf angelegt, den Menschen in die Paßform der gruppeneigenen »Erlösungsschablonen« zu zwingen und ihn nur insoweit zu akzeptieren, als er diesen Vorgaben sich fügt. »ich glaube«, schrieb Hesse am 14. 9. 1892 in seinem berühmten Brief aus der Nervenheilanstalt zu Stetten an seinen Vater, »wenn ich Pietist und nicht Mensch wäre, wenn ich jede Eigenschaft und Neigung in mir ins Gegenteil verkehrte, könnte ich mit Ihnen harmonisieren. Aber so kann und will ich nimmer leben.«[11] Wohin flieht ein Junge, »eine Waise, deren ›Eltern‹ leben«[12], aus dem Seminar in Maulbronn, wenn nicht in radikaler Einsamkeit zu sich selbst und fort von denen, die dieses unsichtbare, weil alles durchstrahlende Gut eines Menschen, sein eigenes Ich, im Namen welcher Idole und Ideale auch immer, mit System zu zerstören drohen? Schriftsteller werden zu können blieb die einzige lebenrettende Zuversicht Hesses. Dieser Entschluß ist identisch damit, niemals mehr in die Korsettagen und Zwangsjacken der bürgerlichen Gesellschaft zurückzukehren und auf immer das Individuelle höher zu stellen als das Allgemeine. Die Wahrheit zu sagen ist wichtiger, als Geld zu verdienen. Man muß nur 15 Jahre alt sein und an dem »richtigen« Ort geboren worden sein, zu Calw im Jahre 1877 zum Beispiel, und es wird unausweichlich, in diesem Punkt ganz klar zu sehen. Doch um die eigene Wahrheit zu finden, bedürfte es einer Bejahung, die vorbehaltlos der eigenen Person gilt, nicht der Angleichung an bestimmte, fertig vorgegebene Normen oder fremde Erwartungen; und es bedürfte einer Erziehung, die sich nicht primär die Forderung moralischer oder religiöser Inhalte zum Ziel gesetzt hat, sondern die Förderung des Ichs als ihr Hauptanliegen betrachtet. Notwendig also wären Lehrer von der Art *Josef Knechts* und Väter von der Art, wie Hesse selbst es zu sein versucht hat.

Seine Mutter berichtet davon, wie sie das »Hermännle« ins Gastzimmer einsperrte, als es »heimlich die Kinderschule geschwänzt« hatte; der fünf Jahre alte Knabe aber erklärte: »Das hilft euch nicht viel..., ich kann da zum Fenster hinaussehen und mich unterhalten.«[13] 33jährig, als er über die Eigenarten seines ersten Sohnes Bruno nachsinnt, der zu lügen begonnen hat, will er »den kleinen Lügner gar nicht gegen einen edlen Knaben vertauschen«, da »man ja so vieles zu den Unarten«

rechne, »nur weil es die Eltern stört, während das Kind mit bestem Gewissen tut, was ihm natürlich ist und unverfänglich scheint.«[14] Mit anderen Worten: das Individuum zu schützen bedeutet als allererstes, bereits im Umgang mit den Kindern eine Pädagogik zu entwickeln, die von Vertrauen statt von Mißtrauen, von Wohlwollen statt von Strenge, von Begleitung statt von Zurechtweisung geprägt ist, die nicht erschreckt, sondern ermutigt, nicht unterdrückt, sondern aufrichtet, nicht den Zeigefinger hebt, sondern die Hand ausstreckt.

Führt aber nicht eine solche Einstellung wie von selbst nach Summerhill und den verheerenden Experimenten der antiautoritären Erziehung? Diese Frage wird immer wieder von den Verfechtern einer »harten« Haltung in der Kindererziehung gestellt. Doch alle, die so sprechen, vergessen fast immer, daß alles »anti« nur die Reaktion auf ein zu großes Maß an Druck darstellt. Es geht weder um »autoritäre« noch um »antiautoritäre« Erziehung, es geht vielmehr darum, schon mit einem heranwachsenden Kind zu sprechen, »nicht wie ein Lehrer zur Schulklasse oder ein Wahlredner zur Menge spricht«, sondern »wie Mensch zu Mensch« – nach der Art eines Dichters![15]

H. Hesse hat in seinem späten Meisterwerk *Das Glasperlenspiel* in der Gestalt des »Beichtvaters«[16] ausführlich geschildert, wie ein solches »Sprechen« oder »Begleiten« lebendig wird: es besteht wesentlich in der »Gabe des Zuhörens«: eine »gewisse Geduld, eine gewisse einsaugende Passivität und eine große Verschwiegenheit« sind ihre Kennzeichen.[17] Übersetzt man die Einstellung des Einsiedlers »Josephus Famulus« aus den Tagen des heiligen Hilarion in unsere Zeit, so erscheint, in säkularem Gewande, die »Seelsorge«, die hier geübt wird, als eine ideale Form der *Psychoanalyse*.

Tatsächlich gibt es in unserem Jahrhundert keine andere Instanz, die so energisch dem Ich des Einzelnen zugewandt wäre, wie die Seelenheilkunde von Freud und Jung. Hesse lernte sie 1916 zum ersten Mal kennen durch den Jung-Schüler *J. B. Lang,* den er 1916 nach dem Tod seines Vaters etwa 60mal in Luzern aufsuchte – der Dr. Pistorius im *Demian*[18] –, sowie durch *C. G. Jung* selber, den er 1921 mehrmals konsultierte.[19] Von seinen Erfahrungen schreibt Hesse unter dem Titel *Künstler und Psychoanalyse* in der Frankfurter Zeitung vom 16. 7. 1918: »Die Analyse stellt eine große Grundforderung, deren Umgehung und Vernachlässigung sich alsbald rächt, deren Stachel sehr tief geht und dauernde Spuren hinterlassen muß. Sie fordert eine Wahrhaftigkeit gegen sich selbst, an die wir nicht gewöhnt sind. Sie lehrt uns, das zu sehen, das anzuerkennen, das zu untersuchen und ernst zu nehmen, was wir gerade am erfolgreichsten verdrängt hatten, was Generationen unter dauerndem Zwang verdrängt hatten. Das ist schon bei den ersten Schritten, die man in der Analyse tut, ein mächtiges, ja ungeheueres Erlebnis, eine Erschütterung an den Wurzeln. Wer standhält und weitergeht, der sieht sich nun von Schritt zu Schritt mehr vereinsamt, mehr von Konvention und hergebrachter Anschauung abgeschnitten, er sieht sich zu Fragen und Zweifeln genötigt, die vor nichts haltmachen. Dafür sieht oder ahnt er mehr und mehr hinter den zusammenfallenden Kulissen des Herkommens das unerbittliche Bild der Wahrheit aufsteigen, der Natur. Denn nur in der intensiven Selbstprüfung der Analyse wird ein Stück Entwicklungsgeschichte wirklich erlebt.«[20]

So betrachtet, ist die Psychoanalyse ein Nachreifen aus den erzwungenen Unaufrichtigkeiten der Kindheit, eine Schule unbedingter Wahrhaftigkeit. Es fehlt dabei aber noch das Wichtigste, die Voraussetzung von allem: die unbedingte Akzeptierung von seiten des Therapeuten. Der »Therapeut« muß wie Josephus Famulus im *Glasperlenspiel* wissen, daß der »andere«, der zu ihm kommt, mit ihm gemeinsam auf der Matte hockt und in allem, was er ihm anvertraut, auch etwas von seiner eigenen Seele offenbart. Nur durch die Erfahrung, in bestimmten Lebensbereichen *tiefer* verstanden und angenommen zu sein als jemals zuvor in der Kindheit oder sogar in der Ehe, vermag der »Klient« sich selbst in Ehrlichkeit anzuerkennen. All das bis dahin Ängstigende, weil von Gott oder den Menschen Verbotene, gilt es jetzt zu erinnern, zu wiederholen und durchzuarbeiten.[21] Die Härte dieser Auseinandersetzung, vor allem mit den Elterngestalten, die in der Freudschen Analyse unverzichtbar ist, scheint in der komplexen Psychologie Jungs, wie Hesse sie kennengelernt hat, zugunsten einer mehr inneren Auseinandersetzung mit den eigenen Seelenbildern zurückgetreten zu sein; es klingt jedenfalls bis in den Wortlaut hinein als das Echo Jungscher Gedanken auf, wenn Hesse vom Verhältnis des Bewußtseins zum Unbewußten sagt: »Daß ich den mir wichtigen Kreis der Dinge dauernd im Blickfeld meines Bewußtseins habe, ist nicht entscheidend für den Wert und die Steigerung meines Ich, sondern nur das, daß ich zwischen dem Bezirk des Bewußtseins und dem Unbewußten gute, leichte, flüssige Beziehungen habe. Wir sind nicht Denkmaschinen, sondern Organismen.« »Wie ... der See aus Wasser, so besteht unser Ich, oder unsre Seele (es ist nichts an Worten gelegen), aus tausend und Millionen Teilen, aus einem stets wachsenden, stets wechselnden Gut von Besitz, von Erinnerungen, von Eindrücken. Was unser Bewußtsein davon sieht, ist die kleine Oberfläche. Den unendlich größeren Teil ihres Inhalts sieht die Seele nicht.«[22]

Gerade die Psychoanalyse, der so sehr an der Herausbildung des Individuums gelegen ist, fördert zugleich das Wissen um die Kleinheit des Ichs, das nur wie eine Insel im Meer des Unbewußten liegt – ein Geschenk von Ebbe und Flut wie die Wanderdünen der ostfriesischen Inselkette. Die gesamte Einstellung des Menschen zu sich selber wandelt sich da; das Zentrum der Persönlichkeit senkt sich ab in die sechs Siebtel der Psyche, die dem Unbewußten angehören; man hält sich nicht länger mehr verschüchtert hinter den Sturmdeichen verborgen, die man voller Stolz und voller Angst als »Freiheit«, »Sittlichkeit« und »Vernunft« etikettiert hat, man *wagt* sich hinaus auf den Ozean – und mit einem Mal gewinnt das Leben auf unerhörte Weise an Größe und Weite. Der Mensch wird der Natur, wird *seiner* Natur zurückgegeben, doch er verliert sich nicht, indem er sich losläßt, er gewinnt sich[23]; er wird sich ungeheuerlich, abgründig, er riskiert den Dostojewskischen »Blick ins Chaos«[24], aber paradoxerweise lernt er dadurch zugleich sich selbst *weniger* zu mißtrauen, er beginnt, die eigene Seele als ein *Organ* zu betrachten, das sehr wohl weiß, was ihm zuträglich und was ihm abträglich ist, wenn man es nur nicht verwirrt, er lernt, sich *absichtslos* dem Strom des Lebens auszusetzen, er erfährt etwas von der Selbstheilungskraft der Seele – von der »Selbstorganisation« eines so »komplexen Systems« wie der menschlichen

Psyche, in den Begriffen heutiger Synergetik und Chaos-forschung formuliert[25] –, er entdeckt mit anderen Worten, daß die Haltung eines *Dichters* gegenüber der Wirklichkeit in sich selbst bereits ein Stück Psychohygiene darstellt oder, weniger künstlich gesagt, daß sie den ursprünglichen, *natürlichen* Ausdruck des Lebens selbst bildet. Die ganze Welt ist eine stumme Poesie, die in unseren Augen, in unserem Mund, in unseren Händen sich zu Bild, Gedicht und Form gestaltet, wenn wir uns nur nicht künstlich von ihr abtrennen. All das mitunter kauzig, ja, bizarr anmutende Suchen Hermann Hesses nach Naturverbundenheit, Nacktwandern und vegetarischer Diät[26], seine Liebe zum Garten[27], seine Fähigkeit zu unerhört dichten Landschaftsbeschreibungen von suggestiver Kraft, seine Malerei findet unter diesen Vorzeichen seine Legitimation[28] und innere Notwendigkeit. Die Psychoanalyse selbst hört auf, eine bloße Behandlungstechnik zu sein, sie wird zur Kulturrevolution eines erweiterten Lebensgefühls, einer geglückten und glücksfähigeren Individuation. Zu beanstanden bleibt an ihr nur, was Hesse, bei aller Dankbarkeit gegenüber seinen Lehrern, denn auch offen ausspricht, daß sie *zu wenig* als *Kunst* und zu sehr als »Behandlungsverfahren« gehandhabt wird: »Als Methode, theoretisch, ist sie [die Psychoanalyse, d. V.] ausgezeichnet, sowohl die Vereinfachungen, in denen Freud die seelischen Mechanismen darstellt, sind im Prinzip sehr dienlich, um Seelisches erkennen zu lernen, als auch die Jungschen Mythologien und Typen-Einteilungen. In der Praxis jedoch ist es ganz anders. Ich habe unter einigen Dutzend Psychoanalytikern, die ich kennenlernte, keinen einzigen gefunden, der z. B. fähig wäre, das Positive und Wertvolle in mir, oder sagen wir etwa an einem Dichter wie Rilke, zu sehen, wenn es sich nicht in Form von öffentlicher Anerkennung ausdrückte... Der Zweck der Medizin, inklusive Analyse, ist ja nicht die Erkenntnis des Genies und der Tragik des Geistes, sondern ihr Zweck ist zu bewirken, daß die Patientin Meyer womöglich ihr Asthma oder ihre nervösen Magengeschichten verliert. Der Geist läuft wahrlich auf anderen Pfaden, nicht auf diesen.«[29]

Die Psychoanalyse ist, so besehen, selbst noch zu »bürgerlich« geblieben; sie hat ihre eigene kreative Kraft nicht wirklich begriffen und ist, darf man hinzufügen, im Deutschland der Nachkriegszeit nun vollends zu einer bloßen Virtuosität hochbezahlter Arztpraxen verkommen. Was für eine Chance aber läge darin zu sehen, daß ein Mensch, um gesund zu werden, des *Träumens* bedarf, daß er in den Stunden der Nacht sich selbst in den Shakespeare oder Homer seines eigenen Lebens verwandelt und daß er, umgekehrt, *krank* wird, wenn man seine Seele, gleich einem Vogel, in die Gitterstäbe einer wohlversorgten, doch allzu eng bemessenen Voliere verbannt. Es quält einen Ara, der in seiner exotischen Pracht allein im Urwald des Amazonas zu Hause sein kann, in die vier Wände einer alten Dame eingesperrt zu werden. So ähnlich aber erscheint das ganze Leben des »Kulturmenschen«, wenn er es nicht wagt, seine Individuation noch weit radikaler aufzunehmen, als es den Anpassungsstrategien selbst der Psychoanalyse genehm zu sein scheint. Man muß Hermann Hesse hören, wenn er von seiner Erzählung *Demian* sagt, er beschreibe hier den »Kampf um die Individualisierung, um das Entstehen einer Persönlichkeit«, und hinzufügt: »Nicht jedem Menschen ist es gegeben, eine Persönlichkeit zu werden, die meisten bleiben Exemplare und kennen die Nöte der Individualisierung gar nicht. Wer sie aber kennt und erlebt, der erfährt auch unfehlbar, daß diese Kämpfe ihn mit dem Durchschnitt, dem normalen Leben, dem Hergebrachten und Bürgerlichen in Konflikt bringen... Der ›Demian‹ zeigt gerade jene Seite im Kampf um die werdende Persönlichkeit, die den Erziehern die unbequemste ist. Der werdende junge Mensch, wenn er den Drang zu starker Individualisierung hat, wenn er vom Durchschnitts- und Allerweltstyp stark abweicht, kommt notwendig in Lagen, die den Anschein des Verrückten haben... Es gilt nun nicht, seine ›Verrücktheiten‹ der Welt aufzuzwingen und die Welt zu revolutionieren, sondern es gilt, sich für die Ideale und Träume der eigenen Seele gegen die Welt so viel zu wehren, daß sie nicht verdorren... Es besteht überall das Streben, die Menschen gleichförmig zu machen und ihr Persönliches möglichst zu beschneiden. Dagegen wehrt sich unsere Seele, mit Recht, daraus entstehen die Demianerlebnisse.«[30]

Es ist bezeichnend für den Ungeist – an dieser Stelle gibt es kein anderes Wort: – für den *Ungeist* der amerikanisch geprägten westlichen Kultur, daß sie Hermann Hesse in den sechziger Jahren wiederentdeckte, nur um ihn in gewissem Sinn komplett mißzuverstehen, indem sie im Gefolge von Timothy Leary den aufwühlenden Prozeß der Menschwerdung und des Menschseins vor allem im *Demian* und *Steppenwolf* auf den Gebrauch halluzinogener Drogen, auf Chemie also, glaubte zurückführen zu können und in diesem Sinne als Ekstase-Erfahrung gegen die herrschende Politik empfehlen zu sollen.[31] Da degenerierte die höchste Herausforderung der Humanität des Tempels von Delphi: »Erkenne dich selbst«, zu einem lustspendenden Massentrip der Hippiebewegung, deren Leid am Krieg in Vietnam, in Laos, in Kambodscha, überall in der Welt, und deren Gefühl der Hohlheit und Leere des idiotischen Kreislaufs von Warenherstellung und Warenvernichtung tief und echt war, deren Antwort aber nur eine Flucht in die virtuelle Rückseite eben dieser Welt von Zerstörung und Konsum blieb. Gleichwohl bildete diese Variante der Hesse-Rezeption den Vorwand, um den gesamten Kübel uralter Vorbehalte und Schutzbehauptungen über die Psychoanalyse und Hermann Hesse, über den ganzen unbequemen, lästigen, gefährlichen, nicht-kontrollierbaren, nicht-verzweckbaren *Weg nach Innen*[32] auszuschütten. Merkwürdig an dieser ganzen bis heute anhaltenden Verweigerungshaltung gegenüber dem Kampf um die persönliche Identität ist einzig, daß sie sich selber gern als wahrhaft »politisch« oder als »politisch-theologisch«, jedenfalls als wahrhaft »revolutionär« kostümiert.

Alles begann wohl schon damit, daß Ernst Bloch, dessen Schriften H. Hesse in den entscheidenden dreißiger Jahren in einer Stockholmer Exilzeitschrift allererst bekanntgemacht hatte[33], die Jungsche Psychologie als regressiv, also reaktionär, also antirevolutionär diffamierte[34], als »Timbuktu in Zürich« verhöhnte[35] und als latent faschismusgefährlich, weil irrational, denunzierte. In dieser Perspektive erscheint ein tragisches Lebensgefühl ganz einfach als Luxus, die ganze Aufregung um die Personwerdung wird »entlarvt« als gesellschaftsbedingte Flucht vor den notwendigen gesellschaftspolitischen Veränderungen der spätbürgerlichen, spätkapitalistischen Konsum- und Leistungsgesellschaft. Die Psychoanalyse, wenn sie nicht überhaupt, wie in der alten DDR, schlechtweg verboten bleibt, wird »ausgemacht« als ein politisch unverantwortlicher Eskapismus saturierter und blasierter Wohlstandsbürger, oder »moralisch« diffamiert als Vergnügen frustrierter Dauer-Onanisten, oder theologisch zensuriert als Verleugnung des Kreuzes Christi, als Verrat an der geforderten Ganzhingabe des Christus, bis hin zu Spitzensätzen wie: »Das Christentum will nicht das Glück des Menschen, sondern seine Glückseligkeit.«[36] In Wirklichkeit aber wird bei alldem übersehen, daß sich in dieser Auseinandersetzung lediglich der uralte Gegensatz von Anpassung und Selbstfindung neu thematisiert. Es ist das bleibende Verdienst Hermann Hesses, in einer bewundernswerten Klarsicht und menschlich überragenden Sensibilität die Parteinahme für das Individuum gegen seine Indienstnahme durch die politischen Parteien niemals aufgegeben zu haben, ja, in ihrer politischen Dimension und Sprengkraft zeitlebens unbeirrt erkannt zu haben.

Was es, zum dritten also, *gesellschaftlich und politisch* bedeutet, das Individuum zum entscheidenden Ort der Menschwerdung zu erklären, hätte man eigentlich bereits vor 150 Jahren an der Person und Wirkung des dänischen Religionsphilosophen Sören Kierkegaard wahrnehmen können: die Religion der verfaßten Kirchenfrömmigkeit wird da als ein grotesker Verrat an der Botschaft Jesu bloßgestellt. Für Hermann Hesse, obgleich er dem Kierkegaard-Übersetzer *Christoph Schrempf*, einem »frist- und pensionslos aus dem Kirchendienst entlassenen« evangelischen Pfarrer[37] nahestand, ist Kierkegaard, anders etwa als die Schriften Dostojewskis, nicht zu solch einem entscheidenden Ereignis geworden, wie er denn insgesamt von der philosophischen Bewegung des Existentialismus kaum berührt wurde. H. Hesses zentrales Erlebnis, das sein Verhältnis zur Politik nachhaltig prägte (bzw. bestätigte!), war der Erste Weltkrieg, der damals noch nicht so hieß, weil man das ganze Ausmaß der Seelenverstörung und Seelenzerstörung der westlichen Kultur in diesem bitteren und blutigen 20. Jahrhundert noch nicht zu überblicken vermochte.

Der *Einzelne:* seine *politische* Dimension wird überall in Hesses Schriften erhellt, insbesondere anläßlich der Frage von *Krieg und Frieden.* Wer eigentlich sagt denn, daß der Kampf um die Persönlichkeit nichts weiter sei als ein politisch verdächtiger, moralisch morbider Kult der Innerlichkeit, statt eines unverzichtbaren Wegs zu einer »*Politik des Gewissens*«[38]? All die Konflikte, die der Einzelne, ob in der Psychoanalyse, in der Ehe, in der Kunst oder im ganz »normalen« »bürgerlichen« Alltag zu bestehen hat, wenn er sein Ich nicht jedem Küster, Kauenwärter oder Konzertgarderobier zum Eintrittspfande überlassen will, sind doch niemals nur seine rein persönlichen »Pathologien«! Wenn er sich aus den Klammern *der Kirche* befreit, nimmt er stellvertretend den Kampf für all diejenigen auf, die mit den dogmatischen Fesseln und moralischen Engführungen einer Institution der göttlichen Unfehlbarkeit so wenig zurechtkommen wie er selber. Wenn er *dem Staat* den Gehorsam verweigert und den Kriegsdienst prinzipiell ablehnt, stellt er die gesellschaftliche Ordnung als ganze in Frage, deren verbrieftes Recht zu »gerechten«, ja, »heiligen« Kriegen staatsphilosophisch und moraltheologisch noch immer nicht bezweifelt wird. Wenn er den Dämonen, Schuldkomplexen und Minderwertigkeitsgefühlen in seiner eigenen Persönlichkeit nachgeht, verhindert er auf dem einzigen Weg, der bis heute denkbar ist, daß wieder eine ganze Generation das unverdaute Material ihrer Seele über eine bestimmte Menschengruppe erbricht, wie in dem Judenhaß der »Hakenkreuzbarden«, die für alle Übel in der Welt »den Juden« als »Sündenbock« brauchten.[39]

Und vor allem: *der Krieg* selber! Es genügt, die Barbarei seiner Schrecken zu betrachten, und man weiß, warum jeder Krieg inakzeptabel sein muß für jeden Menschen, der einigermaßen unabhängig zu fühlen, zu denken und zu urteilen gelernt hat. Schon seine Voraussetzung ist mit dem Standpunkt des Individuums absolut unvereinbar. Besteht doch schon die Kriegs*vorbereitung:* der Drill, die Uniform, das blinde Gehorchen auf Kommando, der Abbau der Tötungshemmungen durch das entsprechende Training an Attrappen oder Computersimulationen, die konsequente Reduktion des Menschen auf zählbares Material, schließlich die Entwertung der Person zu einem mechanischen Accessoir inmitten einer immer größeren Fertigungshalle von »Opfern«, die praktischerweise nur noch nach »Megatoden« gezählt werden (1 M = 1000 000), – besteht doch das alles schon, noch ehe es ausgeführt wird, in einer einzigartigen Entwürdigung und Entwertung des Menschlichen und dessen Trägers, des Einzelnen. »... der Krieg«, schreibt Hermann Hesse, »nährt... sich... von seiner ewigen Tendenz nach ›Totalität‹. Wenn Krieg ist, so schießen nicht bloß die Soldaten, die Schullehrer tragen Helme, und die Bäcker wetzen Bajonette, sondern noch jeder kleine Bub strebt danach, eine Binde um den Arm zu kriegen und kein Bub mehr zu sein, sondern ein

Funktionär des Kriegs.« Dasselbe — bezogen auf den Mut, ein Einzelner zu sein — ist gemeint, wenn er im folgenden Satz über den *Dichter* bemerkt: »Je mehr der Dichter dieser Tendenz [der ›Totalisierung‹ aller Lebensbereiche, d. V.] nachgibt, je mehr er dem Krieg das Recht zugesteht, über ihn zu verfügen, desto weiter kommt er von der Dichtung weg, für die es ja den Begriff der Aktualität nicht geben darf.« Der Grund ist einfach: »Der Dichter unterscheidet sich vom normalen Menschen hauptsächlich dadurch, daß er weit stärker individualisiert ist als jener, und so wie er ein Dichter nur werden konnte, indem er diese Individualisierung ohne Rücksicht auf die Normalität und ihre Anpassungsforderung vollzog, so kann er als Dichter, wenn etwas dabei entstehen soll, nur seinem eigenen Thermometer folgen, das oft von dem der Allgemeinheit abweicht.«[40]

Es läßt sich kaum klarer sagen, daß *Krieg* mit Menschen von der ausgeprägten Individualität, die H. Hesse hier postuliert, schlechterdings nicht zu machen ist: Denn der Krieg braucht die Massenpsychologie — der Einzelne aber, wenn er bewußt lebt, gehört einer anderen Welt an! Der Krieg braucht das *wahllose* Dreinschlagen auf seine Opfer, doch genau das ist es, was ein Mann wie H. Hesse von Natur aus ablehnen *muß:* »Ich«, sagt er, »rate keinem ab, sich einer Partei anzuschließen, sage aber jedem, daß, wenn er es zu jung tut, er Gefahr läuft, nicht bloß das eigene Urteil zu verkaufen gegen die Annehmlichkeit, von Genossen umgeben zu sein, ... sondern ich weise jeden, auch meine Söhne, vor allem darauf hin, daß Zugehörigkeit zu Programm und Partei kein Spiel sein darf, sondern volle Gültigkeit haben muß, daß also, wer sich auf Revolution einläßt, nicht bloß selber mit Leib und Leben seiner Sache zur Verfügung stehen, sondern auch zum Schießen, zum Maschinengewehr und Gas entschlossen und fähig sein muß. Ich gebe jungen Menschen, zumal meinen Söhnen, oft die Literatur der revolutionären Linken zu lesen, aber wenn darüber gesprochen wird und das übliche verantwortungslose Schimpfen auf den Bürger, den Staat und den Faschismus losgeht (die ich natürlich alle zum Teufel wünsche), dann erinnere ich an die Gewissensfrage: daß man bereit zum Töten sein muß, und nicht bloß zum Töten von solchen, die man als Verbrecher kennt und haßt, sondern zum Blindlings-Töten, zum Schießen in Massen. Meinerseits bin ich dazu nicht bereit, unter keinen Umständen... Ich habe den Krieg 1914–1918 so intensiv und bis zur Vernichtung erlebt, daß ich seither über eines vollkommen und unerschütterlich im klaren bin: daß ich, für meine Person, jede Änderung der Welt durch Gewalt ablehne und nicht unterstütze, auch nicht die sozialistische, auch nicht die scheinbar erwünschte und gerechte. Es werden immer die Falschen totgeschlagen, und auch wenn es die Richtigen wären: an die bessernde und entsühnende Kraft des Totschlagens glaube ich nun einmal nicht... ich lehne die Gewalt ab. Die Welt ist krank an Ungerechtigkeit, ja. Sie ist noch viel mehr krank aus Mangel an Liebe, an Menschentum, an Brudergefühl. Das Brudergefühl, das dadurch genährt wird, daß man zu Tausenden marschiert und Waffen trägt, ist mir sowohl in der militärischen wie revolutionären Form nicht annehmbar.«[41]

Die Botschaft dieser Zeilen ist unüberhörbar: Statt immer noch den Weg der Individuation, das Selberseinwollen, als etwas Selbstisches und politisch Unverantwortliches zu diskriminieren, sollte man vielmehr sehen, daß es gegen die schlimmste Geißel, welche die Menschheit erbarmungslos gegen sich selbst schwingt, gegen den Krieg, nur eine einzige fundamentale Gegenkraft gibt: die Individuation des Einzelnen, die Entwöhnung des Menschen vom Sog der Masse, die Erziehung der Menschen zu *Eigensinn*[42] und Eigenverantwortung. Solange der Krieg noch als ein Mittel der Politik betrachtet wird, steht das, was da Politik heißt, dem Einzelnen entgegen, und zwar nicht nur aus Gründen der Moral oder der Philanthropie, sondern wesentlich, unauflöslich, *außerhalb* der ebenso beliebten wie beliebigen Dialektik Max Webers zwischen einer Ethik der »Gesinnung« und einer Ethik der »Verantwortung«.[43] Der Einzelne ist keine Kategorie der ethischen Subsumtion, er ist die Gegeninstanz dessen, was bis heute keine Ethik hat verhindern können: des Kriegs. »Angesichts der heutigen Weltkonstellation halte ich es für die Pflicht der Gutgesinnten, daß jeder in seinem Lande den Unsinn des Nationalismus und des Wettrüstens bekämpfe, jeder in seinem ihm erreichbaren Kreise, von Mensch zu Mensch, von Haus zu Haus.«[44]

Ein konkretes Beispiel mag verdeutlichen, was »Krieg« auch heute noch bedeutet: Allein der Krieg, der von den Sowjets nach Afghanistan getragen, dann durch amerikanische Waffenlieferungen unterhalten und schließlich von den verschiedenen Clans der Pashtunen und Tadschiken im Namen Allahs fortgeführt wurde, hat über eine Million Menschen getötet, eineinhalb Millionen Afghanen sind verstümmelt, das ist etwa ein Zehntel der Bevölkerung. Der Grund: die Sowjets haben rund 10 Millionen Minen in Afghanistan verlegt, viele davon sind »Schmetterlingsminen« – also als Spielzeug getarnt, mit keinem anderen Zweck, als dem: die heranwachsende Generation wehrunfähig zu machen; jedes einzelne der verletzten Kinder wird zeit seines Lebens Schmerz empfinden und verkrüppelt sein, jedes einzelne – aber daran darf man nicht denken, wenn man »langfristig« eine erfolgreiche »Strategie« zur Niederschlagung eines Volkskrieges ersinnen will. Bis heute sind nicht einmal ein Promille der ausgelegten Minen entschärft. Ja, es kann beim derzeitigen Tempo der Minenräumung noch 4500 Jahre dauern, bis Afghanistan minenfrei ist, bis Kinder in diesem Land wieder ohne Gefahr für Leib und Leben im Freien spielen können.[45] Muß man erinnern an das Versprühen des krebserzeugenden, Mißbildungen an Neugeborenen erzeugenden »Entlaubungsmittels« »Orange B« durch die US-Luftwaffe in Vietnam, an die Flächenbombardements mit dem völkerrechtlich verbotenen Napalm, an den zynischen Kommentar Trumans zum Bombenabwurf auf Hiroshima, man habe alle kriegswichtigen Ziele der Stadt zerstört[46], an die Bemerkung von George Bush am Ende des sogenannten Golfkriegs, er sei »noch nie so stolz« gewesen?[47] »Einen Sieg auf dem Schlachtfeld soll man begehen mit einer Trauerfeier«, meinte im 5. Jh. *vor* Chr. der chinesische Weise Laotse[48] –. Wie lang ist das her, und wie beschämend weit sind wir noch davon entfernt! Man braucht nur individualistisch genug zu sein, um den Soldatendienst nicht zu ertragen, dann wird man unberechenbar und gefährlich den Mächtigen.

Und mehr noch: Wer erst einmal der Identifikation mit den Vorgaben bestimmter Gruppenzwänge entronnen ist, dem wird mit einem Mal die Zusammengehörigkeit *aller* Menschen außerhalb der künstlichen Einteilung der Regierenden in »befreundete« und »feindliche«, »verbündete« und »gegnerische« Völker bewußt. Wie kann eine Politik dem Frieden dienlich sein wollen, die immer noch dem gröbsten Hordendenken der Steinzeit verhaftet ist? Wie will man Humanität, Versöhnung und Weltbrüderschaft von einem Denken in Einflußzonen, Absatzmärkten, Zollschranken und »Wirtschaftsasylanten« erwarten? Doch auch umgekehrt: »Die Verachtung der Grenzen«, schrieb Hesse in seinem Skizzenbuch *Wanderung,* macht »Leute meines Schlages zu Wegweisern in die Zukunft.«[49] Es ist nicht wahr, was der *Rheinische Merkur,* das mit 10 Millionen DM jährlich geförderte Blatt des deutschen Katholizismus, am 21. 11. 1986 schrieb: »Sich mit Politik abzugeben hieß für ihn [H. Hesse, d. V.] egalisiert und verfügbar werden, hieß Fremdbestimmung statt Selbstverwirklichung.«[50] Wenn es so einfach wäre! Mensch sein – das hieß im Gegenteil für H. Hesse, sich mit Politik so zu beschäftigen, daß es möglich wird, das Prinzip des Politischen in der heutigen Form zu durchbrechen, das immer noch lautet: Fraktionszwang, Vereinskonformismus, Loyalitätspflicht, Geschlossenheit demonstrieren, Schulterschluß, Ausschluß von Abweichlern – es ist gut, aus jeder zweckorientierten Gruppierung *fortzugehen,* selbst aus dem Eliteorden *Kastaliens,* weil es anders nicht möglich ist, ein freier, offener, sich entwickelnder Mensch zu werden. Wird man es aber, so relativiert sich der Anspruch des Politischen allein schon durch die *Kunst des Müßiggangs*[51], durch das Erleben wirklichen *Glücks.*[52]

An einer der schönsten, der menschlichsten Stellen des »*Glasperlenspiels*« spricht *Josef Knecht* einmal vom

Spiel: »›Spielen‹ hat mehrere Bedeutungen, vor allem aber bedeutet es etwas, das der damit Beschäftigte ganz besonders wichtig und ernst nimmt. Das Spiel des Kindes wird mit größtem Ernst gespielt. Das Spiel der Musiker wird wie im Gottesdienst zelebriert. Jedes Karten- oder Gesellschaftsspiel noch zeichnet sich dadurch aus, daß man es zwar als minder ernsthaft vom ›Leben‹ unterscheidet, daß es aber ganz feste Regeln hat, und daß jeder Spieler diese Regeln viel genauer einhält und sich ihrem Sinn viel mehr unterwirft als die meisten Menschen im ›wirklichen‹ Leben es mit den Regeln der Vernunft, der Hygiene, der Sozialität etc. tun ... Zu diesem Spielsinn nun steht der Ernst der politischen Überzeugungen, Bestrebungen etc. im Gegensatz. Es fehlt hier die Demut des Wissens, daß man eben doch nur spielt und ein Kind ist, und Gott über sich hat. Statt dessen handelt, denkt, spricht man mit einem übersteigerten, blinden, andere vergewaltigenden Ernst. Und darum ist die Spielschule keine Vorbereitung für Politik, solang Politik im heutigen Geist betrieben wird.«[53]

Eine ganz entscheidende politische Veränderung liegt daher in der notwendigen Distanz der persönlich gelebten Existenz zum politischen Prinzip selbst. Politik als Spiel – das bedeutet gerade nicht die »Ästhetisierung des Politischen«, die Walter Benjamin als das Wesen des Faschismus beschrieben hat, sondern im Gegenteil: das Wissen, daß es der Politik niemals um letzte Fragen, niemals um Sein oder Nichtsein gehen kann – daß sie, wenn sie sich richtig versteht, kein Recht zum Krieg, kein Recht zum Töten hat! Auch dieser Gedanke enthält etwas Psychotherapeutisches: Der Glaube ist längst schon entschwunden, den Übeln der Menschheit oder der Not des Einzelnen mit *moralischen* Mitteln beikommen zu können; wohl aber ist es möglich, Räume zu öffnen, in denen die Erlaubnis herrscht, ersatzweise, *symbolisch*, im Rollenspiel auszuagieren bzw. in der Phantasie auszugestalten, was an Konflikten seit den Tagen der Kindheit den Aufbau der Persönlichkeit gestört hat.

Genau gegen solche Freiräume aber richtet sich der klassische Standpunkt der kirchlichen ebenso wie der bürgerlichen *Moral*. Allenfalls in der Psychiatrie oder im Resozialisierungsvollzug wird man sozusagen moralfreie Bezirke einräumen, indem bestimmte Ausnahmezustände von Krankheit und Psychodynamik gewisse Ausnahmen auch von der Strenge der moralischen und juristischen Beurteilung nahelegen können; ansonsten aber wird man die Fiktion von der Freiheit des Willens für die Normalität erklären und die Normen der Moral als allgemeingültig in jedem Einzelfall behaupten. Etwaige Rückfragen von den bis zum Wahnsinn oder bis zum Verbrechen Leidenden an die herrschende Moral werden stets niedergehalten. Der Einzelne hat sich nach dem Allgemeinen zu richten, nicht das Allgemeine nach dem Einzelnen, so einfach ist das. Sobald aber die Rechte des Einzelnen mit den Ansprüchen des Allgemeinen kollidieren, hebt sich der Vorhang auf den Bühnen der *menschlichen Tragödie*. Doch selbst die Erschütterung eines Dramas wie Hebbels *Agnes Bernauer* darf die Eindeutigkeit des moralischen Urteils nicht abmildern, im Gegenteil: die Moraltheologie der katholischen Kirche etwa erklärt für 900 Millionen Menschen auf dieser Erde die Möglichkeit auch nur eines tragischen Konfliktes bereits für unvereinbar mit dem Glauben an die Erlösung der Welt durch Jesus Christus, und um so entschiedener verwahrte sie sich noch im Jahre 1993 in einer eigenen Papstenzyklika gegen jeden Versuch, die Moral von der Situation und der Person des Einzelnen her neu zu begründen. Die Erfahrungen H. Hesses aus drei Ehen, wie Menschen beim besten moralischen Willen und einem zudem außerordentlich hohen Maß an Verantwortungsgefühl gleichwohl aneinander scheitern können, dürfen hier keinerlei Nachdenklichkeit auslösen. Noch viel weniger wird man mit seinen Gedanken »an die unter unseren Füßen glimmende Hölle«, dem »Gefühl der Bedrohtheit durch nahe Katastrophen und Kriege«[54], etwas anzufangen wissen. Selbst ein Charakter wie Thomas Mann erscheint da »in seinem gepflegten feinen Wesen so unangegriffen vom klaffenden Riß in der Welt«, daß es »Menschen von der Art des Steppenwolfes« schaudern muß.[55] »Die Moral nützt uns nichts«[56], das ist, zum vierten, die Erkenntnis, mit der H. Hesse seine *Märchen* kommentiert.

Ja, man muß es noch schärfer sagen: die vereinseitigte moralische Stellungnahme, die durch keinerlei konkrete Menschenkenntnis gereifte moralische Bewertung des Lebens, die starre Isolierung einzelner Verhaltensweisen aus dem Geflecht von Motivation und Situation zeigt sich nicht nur außerstande, dem Menschen wirklich zu helfen, sie ist selber am Ende die Quelle von vielerlei Arten der Unaufrichtigkeit und seelischen Erkrankung. Zu seiner Novelle »*Klein und Wagner*«[57] etwa erklärte Hesse freimütig: »Auch ich schlage mich bald mit dem Mörder, mit dem Tier und Verbrecher in mir beständig herum, aber ebenso auch mit dem Moralisten, mit dem allzu früh zur Harmonie Gelangenwollen, mit der leichten Resignation, mit der Flucht in lauter Güte, Edelmut und Reinheit... Mir ist es so gegangen, daß ich, unter dem Einfluß von Vorbildern wie Goethe, Keller etc. als Dichter eine schöne und harmonische, aber im Grunde verlogene Welt aufbaute, indem ich alles Dunkle und Wilde in mir verschwieg und im stillen erlitt, das ›Gute‹ aber, den Sinn fürs Heilige, die Ehrfurcht, das Reine betonte und allein darstellte. Das führte zu Typen wie *Camenzind* und der *Gertrud,* die sich zugunsten einer edlen Anständigkeit und Moral um tausend Wahrheiten drücken, und brachte mich schließlich, als Mensch wie als Dichter, in eine müde Resignation, die zwar auf zarten Saiten Musik machte, keine schlechte Musik, die aber dem Leben abgestorben war... ich mußte neue Töne suchen, ich mußte mich mit allem Unerlösten und Uralten in mir selber blutig herumschlagen – nicht um es auszurotten, sondern um es zu verstehen, um es zur Sprache zu bringen, denn ich glaube längst nicht mehr an Gutes und Böses, sondern glaube, daß alles gut ist, auch das, was wir Verbrechen, Schmutz und Grauen heißen... Sie werden mit dem Mörder desto besser fertig, je mehr Sie ihm zuhören, ihn zu Wort kommen lassen, ihn zu verstehen suchen. – Je weniger wir uns vor unseren eigenen Phantasien scheuen, die im Wachen und Traum uns zu Verbrechern und Tieren machen, desto kleiner ist die Gefahr, daß wir in der Tat und Wirklichkeit an diesem Bösen zugrunde gehen.«[58]

Da ist das entscheidende Stichwort gefallen: *Verstehen!,* und man muß ergänzen: Verstehen statt Urteilen, Verstehen statt Verurteilen. Es ist so einfach, Menschen mit moralischen Begriffen einzuteilen in Gute und Böse, Tugendhafte und Lasterhafte, Richtige und Falsche; die Begriffe stehen immer schon fest. Man legt sie dem Leben an, wie einen Zollstock, doch dieser so praktische Zollstock ist nichts anderes als ein Brett vor dem Kopf. Er hindert uns zu verstehen, was in einem Menschen wirklich vor sich geht – man braucht es nicht zu kennen und darf es gar nicht kennen. Wenn man hingegen zu begreifen beginnt, aus welchen Gründen ein Mensch etwas tut, wird bald schon klar, daß nicht die einzelne Handlung das Wichtige ist, entscheidend ist, was das einzelne Tun im Leben dieses Menschen *bedeutet*. Je nachdem, kann dasselbe Tun eine faule Ausrede oder ein wahres Zeugnis sein, eine demonstrierte Eitelkeit oder die lautere Aufrichtigkeit, eine neue Infamie oder ein Akt der Reue. Was eine Handlung über einen einzelnen Menschen wirklich aussagt, was an seelischen Vorgängen im Vorfeld sich in ihr ausdrückt – *das* ist der eigentliche Stoff jedes Romans und der Gegenstand psychotherapeutischen Interesses, das allein ist es, was eine menschliche Beziehung so aufregend und spannend machen kann.

Der Psychotherapeut wie der Dichter leisten im Kampf um die Persönlichkeit etwas menschlich Entscheidendes, etwas in die Zukunft Weisendes, indem sie indirekt zeigen, daß man die moralischen Wertungen *abbauen* muß, wenn man dem anderen nahekommen will, und auch er selber muß versuchen, die moralische Dauerzensur seines Überichs zu *unterlaufen*. Bis in unsere Träume hinein wirkt sich das Schema jener Sittlichkeit aus, das wir in Kindertagen schon in uns aufgenommen haben. Doch wenn wir nur so sein wollen, wie man uns als Kinder schon hat haben wollen, dann lernen wir niemals, erwachsen zu werden und die Wahrheit unseres eigenen Lebens zu finden. »Die allermeisten Menschen«, schreibt H. Hesse, »hegen tausend und tausend Dinge in sich, welche niemals an die helle Oberfläche kommen, welche unten faulen und sich quälen. Darum, weil sie faulen, und Qual machen, werden diese Dinge vom Bewußtsein immer wieder zurückgewiesen, sie stehen unter Verdacht und werden gefürchtet. Dies ist der Sinn jeder Moral – was als schädlich erkannt ist, darf nicht nach oben kommen! Es ist aber nichts schädlich und nichts nützlich, alles ist gut, oder alles ist indifferent. Jeder Einzelne trägt Dinge in sich, die ihm angehören, die ihm gut und zu eigen sind, die aber nicht nach oben kommen dürfen. Kämen sie nach oben, sagt die Moral, so gäbe es ein Unglück. Es gäbe aber vielleicht gerade ein Glück! Darum soll alles nach oben kommen, und der Mensch, der sich einer Moral unterwirft, verarmt.«[59]

Was ist das, konkret gefragt, für eine Moral, die z. B. den Krieg einfach ohnmächtig verbietet oder, wie in den meisten Fällen sogar, für »gut« und pflichtgemäß erklärt, statt *die Gründe* zu verstehen und durchzuarbeiten, aus denen heraus Menschen immer wieder zu derartigen Greueltaten imstande sind? Was soll, genauer gefragt, eine Theologie, die, wenn es darauf ankommt, selbst noch die *Bibel als Kriegsbuch* zu lesen imstande ist[60], wie Hesses *Vater* es tat? Wenn die Kirche schon lehrt, daß der Mensch aufgrund der *Erbsünde* zum »Guten« im moralischen Sinne gar nicht imstande ist, sollte man dann nicht erwarten, daß sie damit aufhörte, auf Menschen moralisch einzudreschen, statt einen jeden einzelnen bei der Hand zu nehmen und seine Zwänge und Ängste, seine verdrängten Gefühle und überzogenen Erwartungen an sich selber, seine Ausflüchte und Ausreden durch ein wachsendes Vertrauen in die Wahrheit der eigenen Persönlichkeit buchstäblich *überflüssig* zu machen? Vielleicht sind die Menschen weit hilfloser, als die Moralisten sie sehen möchten, aber deswegen sind sie noch lange nicht derartig böse, daß man sie kirchlicherseits nur noch mit der Aussicht auf ewige Höllenstrafen auf »den Pfad der Tugend« leiten müßte. Der Dichter und der Psychotherapeut vollbringen eine Pionierleistung der Menschlichkeit, indem sie gemeinsam versuchen, den Menschen in allen Handlungen, die er begangen hat, wiederzuentdecken und ihm damit jenseits der entfremdeten Schablonen von Gut und Böse sein eigenes Leben wieder zurückzugeben. Nur ein Mensch, der sich selber gefunden hat, vermag wirklich »gut« zu sein; ein solcher hat keine Gründe, anderen »Böses« zuzufügen. Wählen aber muß man in dem, was man will: die Perfektion in der Anpassung an bestimmte Tugendideale oder die Vervollkommnung der Persönlichkeit. Die Frage ist, ob man das Gesetz will *oder* den Menschen; sie stellt sich auf Entweder-Oder. Beides zugleich kann man nicht haben.

Dies, zum fünften, ist deshalb die Stelle, an der sich die Dimensionen der menschlichen Existenz im Grunde bereits *ins Religiöse* hinein erstrecken, vorausgesetzt, man versteht »Religion« wesentlich *nicht* als Kirchenabhängigkeit, Konfessionszwang und Dogmenhörigkeit. Doch diese Auffassung scheidet wohl von vornherein für jeden aus, der es überhaupt wagt, sein persönliches Ich der Unendlichkeit des Lebens auszusetzen. Immer noch freilich ist Religion für die überwiegende Mehrheit der Bevölkerung identisch mit der Bindung an irgendeine Kirche, und die Bindung an die Kirche wiederum besteht in der wortgetreuen Übernahme der kirchlichen Formen und Formeln als göttlichen Wahrheiten. Jeder Zweifel an den dogmatisch gelehrten Heilswahrheiten gilt da bereits als Sünde und Lästerung, treten doch die kirchlichen Behörden mit dem Anspruch göttlicher Unfehlbarkeit auf. Ihre Spitzenbeamten sind durch heilige Weihen als Bischöfe und Kardinäle zu Verwaltern des unumstößlichen Willens des Allerhöchsten gemacht worden, und die Einschüchterung, die von ihren erhabenen Lehren ausgeht, ist derartig stark, daß selbst die größten unter den Theologen auf den kirchlichen Kanzeln und Kathedern die Religionsform, in der sie als Kinder erzogen wurden, mit allem Eifer und Scharfsinn, dessen sie fähig sind, als etwas Absolutes und Exklusives gegen den Rest der Welt zu verteidigen suchen.

Daß da schon rein geographisch die Grenze des Göttlichen just dort verlaufen soll, wo ein Fluß oder ein Höhenzug den Einflußbereich eines absolutistischen Fürsten oder Fürsterzbischofs des 17. Jahrhunderts festlegte, daß da im Grunde immer noch Menschenmacht zur Demütigung der Untertanen an der Stelle Gottes verehrt wird, daß da das Allerpersönlichste: die Frage nach Gott in den absurden Pakt von Staatsmacht und Kirchenmacht auf vornehme Weise eskamotiert wird, das alles weckt hier nicht das geringste Bedenken. Daß unter dem Dogmenzwang alles Nachdenken, alle ehrliche Theologie von vornherein zur Ideologie verkommen muß, darf natürlich nicht zugegeben werden. Bei so viel archaischem Clandenken kann es nur *der Einzelne* sein, der durch sein Fragen den falschen Schein einer solchen Kirchenreligion bloßstellt. Gegen die Verwandlung des Existierens in das Dozieren verwahrte sich bereits Sören Kierkegaard mit Nachdruck. Es klingt wie ein prophetisches Echo des großen Dänen, wenn Hermann Hesse 1932 schreibt: »... wir wissen ja ..., was wir von diesen hochkultivierten Pastoren zu halten haben: bei der nächsten Mobilmachung singen sie wieder Tedeum und preisen die Kanonen, und bei der nächsten revolutionären Welle stehen sie wieder auf Seiten der Geldsäcke. Zwischendrein treiben sie Philosophie und beziehen Gehalt. Ich glaube, vorerst wird das Spiel, um das es da geht, von den Katholiken gewonnen werden, sie haben den Begriff der Kirche, der Ordnung, der Form, und eine recht gute Zucht. Etwas später aber wird, glaube ich, das Christentum noch härter auf seine etwaige Dauerhaftigkeit hin geprüft werden, und wenn es das übersteht, dann werden daran keine Pastoren mehr schuld sein und keine Zeitschriften und Verlagsaktionäre etc., etc., sondern die Menschen werden das Evangelium bloß solchen Leuten glauben, die von seiner Verkündigung keinen Vorteil haben und einen Beruf daraus machen.«[61]

Dies ist, in Kierkegaardschem Sinne, das *Paradox* der christlichen, der religiösen Existenz. Zweitausend Jahre Kirchengeschichte, die Errichtung des Doms von Sankt Peter, die Verkündigung Hunderter von Konzilsentscheidungen und »Hirtenschreiben« von Päpsten und Bischöfen bezeugen nichts und überzeugen niemanden in puncto religiöser Wahrheit. Diese bewahrheitet sich entweder im Leben des Einzelnen oder sie ist nirgendwo. Der *Kampf gegen das Dogma* ist daher die erste Form, die Grundlage aller Religion: die Existenz des Einzelnen, zurückzugewinnen. »Nicht die ›vollkommene Lehre‹ ist das Ziel, sondern die ›Vervollkommnung des Ichs‹. Ein Ich, das sich entfaltet und verändert, überwindet Dogmen und Grenzen«, schrieb Siegfried Unseld über Hesses

»*Weg nach Innen*«.[62] Es scheint, daß gerade hierin einer der Hauptgründe für die bleibende Aktualität Hermann Hesses zu suchen ist. Vor allem im *Siddhartha*[63] hat dieser Dichter die Unmöglichkeit dargestellt, Religion anders zu vermitteln als durch eigene Erfahrung. Selbstverständlich gibt es auch für Hesse Überzeugungen, die ihm aus dem Erbe des Christentums kostbar sind, Wahrheiten, die er nicht erfindet, sondern vorfindet, doch das sind Inhalte und Überzeugungen, zu denen er sich selbst durchgerungen hat, um sie zu bestätigen, etwa wenn er von der Gewaltlosigkeit sagt: »Die Gewalt ist das Böse, und die Gewaltlosigkeit der einzige Weg für die, die wach geworden sind. Er wird nie der Weg aller sein und nie der Weg derer, die Weltgeschichte machen möchten. Wenn man weiß, auf welcher Seite man steht, lebt man freier und ruhiger.«[64] Da wird die biblische Geschichte vom Zinsgroschen (Mk 12,13–17) zur klaren Absage an all die Forderungen, die der Staat (der »Kaiser«) auf Kosten des Menschen (»Gottes«) erhebt.

Worauf es *religiös* heute ankommt, hat Hermann Hesse schon im *Demian* und im *Siddhartha* erstaunlich klar gesehen: Es geht um die Entwicklung einer Frömmigkeit, die prinzipiell undogmatisch ist, lernbereit, offen und universell, ohne die Begrenzungen bestimmter Denktraditionen und kultureller Schranken, die aus der Freiheit des Einzelnen geboren wird, aus seinem Mut zur Wahrhaftigkeit, aus der Bejahung auch des »Unheimlichen« im Menschen, aus der Integration der unbewußten, von der bisherigen Religion und Moral verdrängten Inhalte der Psyche, und die für ein neues Verhältnis zwischen Mensch und Natur eintritt, umfassender, ehrlicher, unvoreingenommener auch hier, ohne den Schutz der Anthropozentrik der biblischen Schöpfungsmythe. Der Gott *Abraxas,* eine Macht jenseits von Gut und Böse, ein Geheimnis, das sich nur enthüllt, wenn man auf die menschlichen Wertungen der Welt insgesamt verzichtet, wird da bei H. Hesse zur Chiffre einer neuen Ursprünglichkeit, in der »Heidnisches« und »Christliches«, Naturhaftes und Personales, Absurdes und Weises zu einer Einheit verschmelzen. »Auf den drei ersten Seiten des *Demian* steht, was ich [religiös, d. V.] etwa weiß, es gehört dann noch mein Buch *Siddhartha* dazu. Es handelt sich bei diesen Versuchen nicht darum, ›in schöner Sprache Romane zu schreiben‹, ... sondern darum, die Grundlagen zu einem Glauben zu legen, der wieder für eine Weile jungen Menschen das Leben leben helfen kann. Sie müssen diese Worte ebenso wie die Bibel oder jeden anderen Versuch einer Formulierung des Wichtigsten, nicht als ›schöne Sprache‹ nehmen, sondern *so wörtlich wie nur möglich,* Wort für Wort genau ergründen. – Das Leben ist sinnlos, grausam, dumm und dennoch prachtvoll – es macht sich nicht über den Menschen lustig (denn dazu gehört Geist), aber es kümmert sich um den Menschen nicht mehr als um den Regenwurm... Wir müssen erst sehen, daß wir Menschen es keineswegs schwerer haben als jeder Vogel und jede Ameise, sondern eher leichter und schöner. Wir müssen die Grausamkeit des Lebens und die Unentrinnbarkeit des Todes erst in uns aufnehmen, nicht durch Jammern, sondern durch Auskosten dieser Verzweiflung. Erst dann, wenn man die ganze Scheußlichkeit oder Sinnlosigkeit der Natur in sich aufgenommen hat, kann man beginnen, sich dieser rohen Sinnlosigkeit gegenüber zu stellen und sie zu einem Sinn zu zwingen. Es ist das

Höchste, wozu der Mensch fähig ist, und es ist das Einzige, wozu er fähig ist. Alles andere macht das Vieh besser... die Wenigen, die vom Leid ergriffen werden und nach dem Sinn zu suchen beginnen, machen den Sinn der Menschheit aus.«[65]

Die Religion dient, so verstanden, zwei Zielen: die Einheit der Menschheit zu fördern und die Herausbildung des Individuums zu ermöglichen; beides hängt auf das engste miteinander zusammen. Für sich persönlich konnte H. Hesse sagen: »In meinem Leben spielt... das Christentum zwar nicht die einzige, aber doch eine beherrschende Rolle, mehr ein mystisches Christentum als ein kirchliches, und es lebt nicht ohne Konflikte, aber doch ohne Krieg neben einer mehr indisch-asiatisch gefärbten Gläubigkeit, deren einziges Dogma der Gedanke der Einheit ist. Ich habe nie ohne Religion gelebt, und könnte keinen Tag ohne sie leben, aber ich bin mein Leben lang ohne Kirche ausgekommen. Die konfessionell und politisch getrennten Sonderkirchen sind mir immer... als Karikaturen des Nationalismus erschienen.«[66] Eine mehr »mystische« Religiosität – das scheint die einzige Form zu sein, in der die Inhalte der religiösen Überlieferung sich an die Zukunft weitergeben lassen – universell und individuell zugleich, personenzentriert und kulturübergreifend, dogmatisch ungebunden, doch existentiell um so verbindlicher, und zutiefst verhaftet einem Wissen, das dogmatisch sogar zum Kernbestand auch und gerade der christlichen Lehren zählt, das aber von der Kirche, der katholischen insbesondere, nur noch rein rituell, als eine Art Taufmagie an kleinen Kindern, verwaltet wird: das ist die Erfahrung der Unrettbarkeit des Menschen mit den Mitteln der Moral bzw. der Notwendigkeit des Religiösen jenseits der dogmatischen Barrieren. »Der Weg«, schreibt Hesse (als Typos jeder Religion bzw. jeder menschlichen Entwicklung) »führt aus der Unschuld [dem Naturzustand, der Unbewußtheit, d. V.] in die Schuld, aus der Schuld in die Verzweiflung, aus der Verzweiflung entweder zum Untergang oder zur Erlösung: nämlich nicht wieder hinter Moral und Kultur zurück ins Kinderparadies, sondern über sie hinaus in das Lebenkönnen kraft seines Glaubens. – Aus jedem Stadium kann natürlich auch wieder ein Rückschritt erfolgen. Selten zwar wird es dem wach Gewordenen gelingen, aus dem Reich, wo Gut und Böse gilt, wieder in die Unschuld zurückzuflüchten. Sehr häufig aber wird, wer schon das Erlebnis der Gnade und Erlösung kennt, wieder auf die zweite Stufe zurückfallen und wieder deren Gesetzen, der Angst, den nie erfüllbaren Forderungen anheimfallen.«[67]

Der Typ der »offiziellen«, der gottgarantierenden, lehramtlichen Kirchenfrömmigkeit läßt sich wohl nur als ein solcher Rückfall auf die moralische Zwiespältigkeit *entgegen* dem wirklichen »Erlösungs«auftrag des Menschen beschreiben. Nie heilende Schuldgefühle, angstbesetzte Abhängigkeiten von fremder Anerkennung und das Ritual der priesterlichen »Vergebung« bedingen da einander zum Erhalt der Kirchenmacht. Der Einzelne hingegen in seiner Gebrochenheit und Verzweiflung bedarf, psychologisch wie religiös, therapeutisch im Krankheitsfall, existentiell in der Form eines Grundgefühls, einer alles ändernden Überzeugung: der Zuversicht seiner *unbedingten Bejahung;* denn nur in ihr kann er frei werden von aller Außenlenkung und aller Fremdbestimmung, nur in ihr gewinnt er den Mut, sich selbst zu entwickeln, nur in ihr entdeckt er den wahren Kern aller Religion: die innere Stimme, die sagt: Sei du selbst.

»Was Du im Leben leistest«, schrieb Hermann Hesse seinem Sohn *Bruno,* »und zwar nicht nur als Maler, sondern ebenso als Mensch, als Mann und Vater, Freund und Nachbar etc., etc., das wird vom ewigen ›Sinn‹ der Welt, von der ewigen Gerechtigkeit nicht nach irgendeinem festen Maß gemessen, sondern nach Deinem einmaligen und persönlichen. Gott wird Dich, wenn er Dich richtet, nicht fragen: ›Bist Du ein Hodler geworden oder ein Amiet, oder ein Pestalozzi oder Gotthelf?‹ Sondern er wird fragen: ›Bist Du auch wirklich der Bruno Hesse gewesen und geworden, zu dem Du die Anlagen und Erbschaften mitbekommen hast?‹ Und da wird niemals ein Mensch ohne Scham oder Schrecken seines Lebens und seiner Irrwege gedenken, er wird höchstens sagen können: ›Nein, ich bin es nicht geworden, aber ich habe es wenigstens nach Kräften versucht. Und wenn er das aufrichtig sagen kann, dann ist er gerechtfertigt und hat die Probe bestanden. – Wenn solche Vorstellungen wie ›Gott‹ oder ›ewiger Richter‹ etc. Dich stören, so kannst Du sie ruhig weglassen, auf sie kommt es nicht an. Es kommt einzig darauf an, daß jedem von uns ein Erbe und eine Aufgabe mitgegeben ist, er hat von Vater- und Mutterseite, von vielen Ahnen her, von seinem Volk, seiner Sprache her gewisse Eigenschaften, gute und böse, angenehme und schwierige, geerbt, Talente und Mängel, und all dies zusammen ist Er, und dies Einmalige, das in Deinem Fall Bruno Hesse heißt, hat er zu verwalten und zu Ende zu leben, reif werden zu lassen und schließlich mehr oder weniger vollkommen zurückzugeben ... Tausend Verführungen bringen uns beständig von diesem Wege ab, aber die stärkste aller Verführungen ist die, daß man im Grunde ein ganz anderer sein möchte als man ist, daß man Vorbildern und Idealen folgt, die man nicht erreichen kann und auch gar nicht erreichen soll. Diese Verführung ist darum für höher veranlagte Menschen besonders stark und gefährlicher als die vulgären Gefahren des bloßen Egoismus, weil sie den Anschein des Edlen und Moralischen hat.«[68]

Vor mir, während ich dies schreibe, liegt ein Stück roten Sandsteins aus Helgoland. Die Geschichte dieses Steins begann vor 225 Millionen Jahren, als der norddeutsche Raum von einem Zechstein-Meer bedeckt war, das als Binnensee austrocknete und Salzlager bis zu 500 Metern Mächtigkeit zurückließ. Diese Salzlager wurden überdeckt von den Ablagerungen des nachfolgenden Erdmittelalters, von Buntsandstein, Muschelkalk und Kreide. Unter dem Druck dieser Massen wurden die Salzlager des Zechsteins plastisch und drückten nach oben; und so, vor rund 65 Millionen Jahren, am Beginn des Tertiärs, wurde aus der 350 Meter mächtigen Schicht des Mittleren Buntsandsteins Helgoland als ein 25–30 km² großes Bergmassiv in Schräglage emporgedrückt. Die Eiszeiten formten bis vor 120 000 Jahren die Silhouette der heutigen Insel; der Anstieg der Nordsee machte sie zu einem winzigen Eiland; Flut, Wind und Wetter modellierten ihr Gesicht.[69] Das Stück Stein auf meinem Schreibtisch zeigt im Fragment den Aufbau der ganzen Insel, vor allem in der kennzeichnenden Bänderung der Schichtenabfolge des Buntsandsteins. So weich dieser Stein auch ist, er hat doch der Verwitterung von Sturm, Eis und Regen am längsten widerstanden. Und ebenso der menschlichen Zerstörungswut! Immer wieder als militärische Festung gegen England mißbraucht, sollte die ganze Insel Helgoland 1947 in einer einzigen großen Sprengung von der Landkarte getilgt werden. 7 000 t TNT hatten britische Bergarbeiter in die Gänge eingebracht, um die größte Explosion »konventionellen« Sprengstoffs in der Geschichte der Menschheit auszulösen. Vulkanisches Gestein, Basalt oder Granit, wären bei einer solchen Detonation gewiß in tausend Stücke zerborsten. Nicht so der Sandstein. Er fing die ungeheuere Druckwelle in seinem weichen Gestein auf, er gab nach und schwang elastisch wie eine Glocke; und so hielt er stand!

Wie ein solches Gestein erscheint mir manchmal der Mensch Hermann Hesse: zusammengepreßt aus den Sedimenten der Urzeit, emporgehoben unter den enormen Kräften seines eigenen Druckes, widerstandsfähig in seiner Weichheit, geformt mit einem eigenen unvergeßlichen Antlitz unter den Stürmen der Zeit in meeresweiter Einsamkeit und doch umlagert vom Strome Tausender orientierung- und haltsuchender Menschen, ein Sprengstück, das in jedem Detail seiner Substanz die Spuren des Ganzen verrät, ein winziges Teil als Spiegel des Alls, unscheinbar in seinem Äußeren, unwägbar für den Krämer, unhandlich in den Händen der Händler, doch unschätzbar in den Augen der Kundigen: eine schwingende Glocke, die hell und wehmütig klingt durch den Sturm der Gewalt – das war und bleibt Hermann Hesse. Wir sollten versuchen – nicht zu werden wie er, doch aus dem gleichen Grunde zu sein. *(1994)*

Anmerkungen

1 S. Lumet: Network, USA 1976, Hauptrollen: Faye Duna-
   way, William Holden, Peter Finch; Buch: P. Chayefsky.
2 R. Clark: Wüstensturm. US-Kriegsverbrechen am Golf,
   übers. v. K. Sticker u. S. Vogel, Vorw. v. A. Mechtershei-
   mer, Göttingen 1993, 82–89: Der dreckige Rest: 12. Sept.
   91 brachte *Newsday* die Meldung: »Die US-Division, die
   Saddam Husseins Abwehrlinie durchbrach, setzte auf Pan-
   zern montierte Pflüge... ein, um Tausende irakische Soldaten – manche noch lebend... – in ihren mehr als 70
   Meilen langen Gräben zu verschütten... nach Schätzun-
   gen aus Armeekreisen... mehr als 8 000 irakische Soldaten... ›Nach dem Durchbruch war außer denen, die sich
   ergaben (sc. etwa 2 000, d. V.), keiner mehr übrig‹, sagte
   Captain Bennie Williams, der für seine Rolle in diesem
   grausamen Schauspiel mit dem Silver Star ausgezeichnet
   wurde.« (88–89)
3 Politische Betrachtungen (sv 244) 1973, ausgew. v. S. Unseld, 163 (4. oder 6. Mai 1961)
4 Weg nach Innen. Vier Erzählungen. Siddhartha, Kinder-
   seele, Klein und Wagner, Klingsors letzter Sommer, Berlin
   1931.
5 Zarathustras Wiederkehr (1919), in: Politische Betrachtungen (bs 244) 1973, ausgew. v. S. Unseld, 58–85, S. 58:
   »Wir müssen nicht hinten beginnen, bei den Regierungs-
   formen und politischen Methoden, sondern wir müssen
   vorn anfangen, beim Bau der Persönlichkeit.« (Vorwort
   zur zweiten, nicht anonym erschienenen Aufl. v. 1920)
6 Vgl. Wort und Wahrheit, 6, 1972, zu: Schriften zur Literatur, 2 Bde., hrsg. v. V. Michels, 1971 (WA 11–12); in:
   S. Unseld: Hermann Hesse. Werk und Wirkungsgeschichte,
   Frankfurt 1985; insel taschenbuch (1112) 1987, 301.
7 S. Unseld: A. a. O., S. 5.
8 Unterm Rad (1906), Frankfurt (st 52) 1976.
9 S. Unseld: A. a. O., 308; 310. Vgl. Eigensinn. Autobiogra-

phische Schriften, Ausw. u. Nachw. v. S. Unseld, Frankfurt 1972; Reinbek (rororo 4856), 1981; 18–33: Vierter Kurzgefaßter Lebenslauf (1925), S. 18: »Ich brauchte nur das ›Du sollst‹ zu hören, so wendete sich alles in mir um.«

10 Zitiert nach V. Michels: Hesse. Sein Leben in Bildern und Texten, mit einem Vorw. v. H. Mayer, Frankfurt 1979; insel taschenbuch (1111) 1987, 53, aus »Erinnerung an Hans«, 1936.

11 Kindheit und Jugend vor Neunzehnhundert, Hermann Hesse in Briefen und Lebenszeugnissen, 1. Bd.: 1877–1895, hrsg. v. N. Hesse, Frankfurt (st 1002) 1984, 268–269, Brief vom 14. Sept. 1892.

12 A. a. O., 268.

13 V. Michels: A. a. O., 33, aus einem Brief der Mutter vom 27. 3. 1882.

14 Gesammelte Briefe, 1. Bd.: 1895–1921, hrsg. v. U. u. V. Michels, Frankfurt 1973, 182–183, Brief an Johannes Hesse vom 16. 11. 1910.

15 Politische Betrachtungen, s. o. Anm. 3.

16 Das Glasperlenspiel. Versuch einer Lebensbeschreibung des Magister Ludi Josef Knecht samt Knechts hinterlassenen Schriften, Zürich 1943; Frankfurt (st 79) 1972, 533–570.

17 A. a. O., 535.

18 V. Michels: A. a. O., 153.

19 A. a. O., 201.

20 A. a. O., 162.

21 S. Freud: Erinnern, Wiederholen und Durcharbeiten (1914), Ges. Werke X, London 1946, 125–136.

22 Einkehr (1918), in: Prosa aus dem Nachlaß, hrsg. v. N. Hesse, Frankfurt 1965, 425–426.

23 Vgl. Mk 8,35: »Wer sein Leben retten will, der wird es zugrunde richten.«

24 Blick ins Chaos, Bern 1920.

25 Vgl. H. Haken: Erfolgsgeheimnisse der Natur. Synergetik: Die Lehre vom Zusammenwirken, Stuttgart 1981, Frank-

furt–Berlin (Ullstein 34220) 1988.

26 V. Michels: A. a. O., 110–111; In den Felsen. Notizen eines Naturmenschen, 1907.

27 A. a. O., 101.

28 Vgl. Wanderung. Aufzeichnungen v. H. Hesse, mit farbigen Bildern vom Verfasser, Berlin 1920; Beschreibung einer Landschaft (1947), in: Glück. Späte Prosa. Betrachtungen, Frankfurt (sv 344) 1973, 7–22.

29 Gesammelte Briefe, hrsg. v. U. u. V. Michels, 2. Bd.: 1922–1935, Frankfurt 1979, 195–196: An Theodor Schnittkin, 3. 6. 1928.

30 Ges. Briefe, II 210–211, An Marie-Louise Dumont, Febr. 1929.

31 V. Michels: A. a. O., 340–341; T. Leary: Politik der Ekstase, Hamburg 1970.

32 Weg nach Innen. S. o. Anm. 4.

33 V. Michels: A. a. O., 268; Politische Betrachtungen, s. o. Anm. 3: Über Ernst Blochs »Erbschaft dieser Zeit« (1935), S. 93.

34 E. Bloch: Das Prinzip Hoffnung (1938–1947), Frankfurt 1959; Neudruck: Frankfurt (stw 3) 3 Bde., 1974, 182.

35 A. a. O., 182.

36 So auf dem Evangelischen Kirchentag in München 1993. Ähnlich immer wieder J. B. Metz.

37 V. Michels: A. a. O., 116. Vgl. Ges. Briefe, II, 275–278, An Christoph Schrempf, April 1931; 318–320: An Christoph Schrempf, Februar 1932.

38 Politik des Gewissens. Die politischen Schriften, hrsg. v. V. Michels, Vorw. v. R. Jungk, 2 Bde., Frankfurt 1977; Bd. 1: 1914–1932; Bd. 2: 1933–1962; Frankfurt (st 656) 1981.

39 Politische Betrachtungen, s. o. Anm. 3, S. 85–86: Zum Antisemitismus (1922).

40 Gesammelte Briefe, hrsg. v. U. u. V. Michels, 3. Bd.: 1936–1948, Frankfurt 1982, 132–133: Okt. 1939, Antwort an einen unbek. Empf.

41 Hermann Hesse – R. J. Humm. Briefwechsel, hrsg. v. U. u. V. Michels, Frankfurt 1977, Brief an R. J. Humm, Mitte März 1933.

42 Eigensinn (1919), in: Eigensinn, s. o. Anm. 9, 78–83.

43 M. Weber: Der Beruf zur Politik (1919), in: J. Winckel-mann (Hrsg.): Soziologie, Weltgeschichtliche Analyse, Po-litik, Stuttgart (Kröner Tb. 229) 1968, 167–185.

44 Ges. Briefe, III 415: An Hans Goltz, Mitte Mai 1947.

45 NDR III 11. Apr. 1994: Keine Chance für Kabul. Vom ewigen Krieg in Afghanistan.

46 R. Cartier: Der Zweite Weltkrieg, 2 Bde., München–Zü-rich 1977, Sonderausgabe in einem Band, S. 1053: »In seinen Memoiren beschrieb Truman später seine Reaktion feierlicher, aber in Wirklichkeit war er außer sich vor Freude. ›Jungs, wir haben ihnen einen Ziegel mit 20 000 Tonnen TNT auf den Schädel geschmissen!‹ Die Seeleute brachen in ein Freudengeheul aus. Die Gewissensqualen, die angeblich den Triumph begleiteten, sind historische Fälschungen.«

47 M. R. Dederichs: »Nie zuvor war ich so stolz«, in: *Stern*, Nr. 11, 7. 3. 91, S. 36–37.

48 Laotse: Tao te king. Das Buch des Alten vom Sinn und Leben, übers. u. erl. v. R. Wilhelm (1910), Düsseldorf-Köln 1957, Nr. 31, S. 71.

49 S. Unseld: A. a. O., s. o. Anm. 6, 167.

50 H. Daiber, in: Rheinischer Merkur, 21. 11. 1986, zit. n. S. Unseld: A. a. O., s. o. Anm. 6, 389; 391.

51 Die Kunst des Müßiggangs. Kurze Prosa aus dem Nach-laß, hrsg. und mit Nachw. vers. v. V. Michels, Frankfurt (st 100) 1973.

52 Glück, in: Glück (1947), s. o. Anm. 28, 42–59.

53 Materialien zu Hermann Hesses »Das Glasperlenspiel«, hrsg. v. V. Michels, Frankfurt (st 80) 1972, 315.

54 S. Unseld: A. a. O., s. o. Anm. 6, 225; zu: Krieg und Frie-den. Betrachtungen zu Krieg und Politik seit dem Jahre 1914, Schweiz 1946: Politik des Gewissens, s. o. Anm. 38.

55 Brief Hesses an R. J. Humm, Mitte März 1933; s. o. Anm. 41.

56 Gesammelte Briefe, hrsg. v. U. u. V. Michels, 1. Bd.: 1895–1921, Frankfurt 1973, 406–407: An Els Bucherer-Feustel, 12. 7. 1919.

57 Klein und Wagner (1919), in: Innen und Außen. Gesammelte Erzählungen, 4. Bd.: 1919–1955, zusammengestellt von V. Michels, Frankfurt (st 413) 1977, 7–81.

58 Ges. Briefe, I 422–424: An Karl Seelig, Herbst 1919.

59 Einkehr (1918), in: Prosa aus dem Nachlaß, hrsg. v. N. Hesse, Frankfurt 1965, 428.

60 V. Michels: A. a. O., s. o. Anm. 10, 147. Johannes Hesse: Die Bibel als Kriegsbuch, Stuttgart (Verlag der Evangelischen Gesellschaft) 1916.

61 Gesammelte Briefe, 2. Bd.: 1922–1935, hrsg. v. U. u. V. Michels, Frankfurt 1979, 358–359, An Otto Hartmann, 24. 12. 1932.

62 S. Unseld: A. a. O., s. o. Anm. 6, 167.

63 Siddhartha. Eine indische Dichtung (1919–1922 geschrieben), Montagnola 1950; Frankfurt (sv 227) 1969.

64 Krieg und Frieden (Sommer 1918), in: Politische Betrachtungen, s. o. Anm. 3, 30–33. Zit. n. S. Unseld: A. a. O., s. o. Anm. 6, 226, Faksimile der Handschrift.

65 Gesammelte Briefe, II 304–305: An Hilde Saenger, 1931.

66 Mein Glaube, Ausw. u. Nachw. v. S. Unseld, Frankfurt (sv 300) 1971, 59–62: Mein Glaube (1931), S. 61–62.

67 Mein Glaube, a. a. O., 63–75: Ein Stückchen Theologie (1932), S. 65.

68 Gesammelte Briefe, 4. Bd.: 1949–1962, hrsg. v. U. u. V. Michels, Frankfurt 1986, 7–9: An seinen Sohn Bruno, 5. 1. 1949.

69 H. H. Stühmer: Wie entstand die »Lange Anna«?, in: Natur Magazin draußen. Helgoland, Nr. 39, 1985, 64–73; J. E. Rohde: Naturwunder Küste. Nordsee, Ostsee, Schleswig-Holstein, München–Luzern 1985, 74–75: Helgoland – Felsenvorposten der Nordseeküste.

Gedanken über Hermann Hesses »Narziß und Goldmund«

Eine Annäherung aus psychoanalytischer Sicht

Ein erstaunliches Phänomen unserer Zeit ist die Hermann-Hesse-Renaissance in weiten Teilen der heutigen Jugend, in den USA ebenso wie in der Bundesrepublik. Nichts, so sollte man meinen, müßte der sogenannten »skeptischen Generation« der Heranwachsenden ferner liegen als die oft gefühlige Romantik der zwanziger Jahre. Gleichwohl benennt sich eine musikalisch unbedeutende, doch auch in Deutschland bekannt gewordene amerikanische Rock-Combo nach Hesses »Steppenwolf«, nehmen zahlreiche Hippies, wie einst die Väter Nietzsches »Zarathustra«, so jetzt Hesses »Narziß und Goldmund« als geistig eiserne Ration im Marschgepäck mit auf die Landstraßen Europas und werden Fan-Clubs auf den Namen Hesse eingeschworen. Wäre nicht die Beschäftigung mit Hermann Hesse an und für sich schon lohnend genug, so könnte dieses verwunderliche, neu erwachte Interesse, gerade weil es offenbar stark genug ist, sich über Stil und Traditionsverbundenheit der Hesseschen Sprachwelt hinwegzusetzen, Grund genug sein, sich zu fragen, was eigentlich diesem Autor seinen späten Ruhm eingetragen hat. Da die Ursache dafür zweifellos nicht allein in der formalen Bewältigung des Stoffes und der poetischen Originalität dieses Autors liegen kann, werden wir annehmen dürfen, daß es vorwiegend der Inhalt ist, der einen so faszinierenden Eindruck auf viele Jugendliche macht, und dabei wiederum nicht der Inhalt als solcher, sondern vorwiegend die immanente Psychologie der Gestalten Hesses, die sich in seinen Erzählungen ausdrückt. Die Vermutung scheint nicht unbegründet, daß eine Untersuchung der psychischen Strukturen von Gestalten wie Narziß und Goldmund zugleich auch einen Beitrag zum Verständnis mancher Strukturen im

Empfinden und Verhalten heutiger Jugend liefern kann. »Sage mir, was du liest, und ich sage dir, wer du bist« – dieser Ausspruch verweist zurecht darauf, daß ein Buch uns deshalb anspricht, weil es zeigt, was in uns selber lebt. Eine psychologische Untersuchung der Gestalten Hermann Hesses vermag bei einer solchen Massenbewegung wie der derzeitigen Hesse-Renaissance also durchaus als ein Stück Literatursoziologie und Sozialpsychologie verstanden zu werden.

Worum geht es in »Narziß und Goldmund«? Die äußere, stark autobiographische Handlung ist rasch erzählt. In das ehrwürdige Kloster von Mariabronn wird der junge Goldmund von seinem gestrengen Vater als Schüler eingewiesen. Zu seinen gleichaltrigen Klassenkameraden nahezu ohne Kontakt, entwickelt der frühreife Knabe eine intensive Zuneigung zu seinem Lehrer Narziß, der – trotz seines jugendlichen Alters – sich einer großen Achtung wegen seiner Kenntnis der antiken Sprachen erfreut. Zum erstenmal gerät Goldmund in einen schweren Konflikt mit sich selbst, als er bei einem nächtlichen geheimen Besuch mit anderen Jungen im Dorf die Bekanntschaft von zwei Mädchen macht, deren Nähe ihn zutiefst erschüttert und verwirrt. Narziß aber, der mit seinem Einfluß Goldmund zu den eigentlichen Kräften seines Lebens führen möchte, erkennt, daß Goldmund zum Klosterleben nicht berufen ist.

Insbesondere fällt ihm an Goldmund auf, daß dieser alle seine Erlebnisse farbig und plastisch zu schildern vermag, daß aber das Bild seines ihn ganz beherrschenden Vaters merkwürdig unlebendig bleibt, und mit Recht gelangt er zu dem Schluß, daß Goldmund durch das sittenstrenge Diktat seines Vaters im Grunde von den Seelenkräften seiner Mutter, die sich früh vom Vater getrennt hat und deren Bild in Goldmunds Erinnerung wie verschwunden zu sein scheint, entfremdet worden ist.

Als Narziß seinen jungen Freund in einem sehr dichten Gespräch auf diese Konstellationen seines Inneren hinweist, bricht Goldmund, der die Richtigkeit der Feststellungen seines Lehrers wohl begreift, ohnmächtig zusammen. Wenig später verläßt er das Kloster und begibt sich nach einem traumhaft bewußtlosen Liebeserlebnis mit der Zigeunerin Lise, begleitet vom Segen seines Lehrers Narziß, auf Wanderschaft; bei Lise zu bleiben, hindert ihn die Verbundenheit dieser Frau zu ihrem Mann. Bekanntschaft knüpft er statt dessen mit den Bäuerinnen auf den Dörfern, bei denen er Unterkunft findet und mit denen er die Nächte verbringt. Auf dem Schloß eines Ritters, der ihn einlädt, den Winter bei ihm zu verbringen, erfaßt ihn die Zuneigung zu dessen Tochter Lydia. Als diese, auch wegen der Eifersucht ihrer Schwester Julie, nach einem nächtlichen Abenteuer zu dritt, schuldbewußt ihrem Vater Goldmunds Verhalten offenbart, vertreibt ihn der Ritter von seinem Hof. Mit Mühe schlägt sich Goldmund zum nächsten Dorf durch und trifft dort auf den durchtriebenen Vagabunden Viktor, einen intelligenten, aber verkommenen Charakter, von dessen schnorrerhafter Gesinnung sich Goldmund freilich distanziert. Ein hinterlistiger Überfall Viktors zwingt Goldmund, schließlich sogar seinen Kameraden in Notwehr zu erstechen. Von Gewissensqualen und Überlebensnot bedrängt, gelangt er zu einer Stadt, in welcher er, fasziniert von einer Muttergottes-Statue in der dortigen Kirche, sich bei dem Schöpfer dieses Werkes, Meister Nikolaus, in die Lehre begibt. Voll Trauer über die Vergänglichkeit irdischer Liebe, scheint ihm die Kunst eine zeitlose Darstellung der Lebensgeheimnisse zu sein, fähig, die Angst der Vergänglichkeit zu bannen. Obgleich zu einer geordneten Arbeit an sich selbst außerstande, stellt er in der Gestalt des heiligen Johannes ein Bild seines unvergessenen Freundes Narziß her, das Meister Nikolaus für so vollendet hält, daß er Goldmund die Heirat seiner Tochter Lisbeth und die Übernahme seiner Werkstatt anbietet.

Goldmund jedoch, der die Aufgabe in sich fühlt, dereinst das Bild der Urmutter des Lebens selbst, die Einheit aller Gegensätze, plastisch zu gestalten, begibt sich — angewidert von der Enge des bürgerlichen Lebens — erneut auf Wanderschaft. Zusammen mit dem Rom-Pilger Robert durchzieht er die von der Pest verheerten Landschaften, verfolgt von Not und Sorge und nach wie vor gequält von der Hinfälligkeit und Heimatlosigkeit des Lebens. In einer abgelegenen Hütte lebt Goldmund eine Zeitlang gemeinsam mit Robert und Lene, die er unterwegs getroffen und zum Mitkommen aufgefordert hat. Als ein Fremder Lene zu vergewaltigen versucht, erschlägt Goldmund ihn mit einem Stein. Lene fällt bald danach der Pest zum Opfer. Goldmund trennt sich von Robert; hin und her gezogen zwischen Lebenshunger und Todesverfallenheit, faßt er Zuneigung zur Jüdin Rebekka, die gerade ihren Vater begraben hat und Goldmunds Liebe zurückweist, um sich ihrer Trauer hingeben zu können.

Als Goldmund, der unter den Schuldverstrickungen seines Lebens leidet und mit Gott hadert, zu Meister Nikolaus zurückkehren will, findet er die Werkstatt leer.

Die einst blühende Lisbeth trifft er als eine um ihr Leben betrogene verhärmte Jungfer an. Eine Weile bleibt er bei der ehemaligen Geliebten Marie und zeichnet die Bilder seiner Wanderschaft auf. Eine plötzlich erwachende Leidenschaft läßt ihn eine Beziehung zu der hinreißenden Agnes, der Frau des Grafen, anknüpfen. Die Affäre jedoch bleibt nicht lange verborgen und führt dazu, daß Goldmund hingerichtet werden soll. Schon denkt er daran, nachdem er sich im Kerker von seinen Fesseln befreien konnte, den Beichtvater, der ihn vor der Hinrichtung aufsuchen soll, zu ermorden und dann in dessen Kutte zu entfliehen, als sein einstiger Lehrer Narziß zu ihm kommt, der, inzwischen zum Abt des Klosters geworden, zufällig Besprechungen mit dem Grafen geführt und vom Schicksal seines Zöglings Goldmund gehört hat. Es gelingt ihm, Goldmund freizubekommen und ihn nach Mariabronn mitzunehmen. Es folgen Gespräche über die Vollkommenheit des Schöpfers und die Unvollkommenheit der Schöpfung, über Vergänglichkeit und Ewigkeit, über Vielfalt und Einheit des Geistes, der Gedanken und der Kunst. Eine Zeit des Friedens beginnt, in der Goldmund – von Narziß lediglich zur Befolgung einer gewissen Regelmäßigkeit im religiösen Leben angeleitet – mit dem jungen Gehilfen Erich ein Lesepult fertigstellt, das die Heilsgeschichte und Schöpfung zu einem Werk reiner Harmonie vereinigt. Sein bildhauerisches Hauptwerk aber ist eine Marienstatue, welche die Züge der Ritterstocher Lydia tragen soll. Goldmund stellt dieses Meisterwerk fertig, während er sich mit Narziß immer wieder über die Risiken und inneren Erfahrungen seines Lebens sowie über den Kontrast von Wanderschaft und klösterlicher Einkehr, von Denken und Anschauung bespricht. Narziß, der den Weg der Kunst als »unschuldiger« als den Weg der Ideen bezeichnet, stellt die Berechtigung seiner eigenen, dem Leben entrückten Existenz in Frage, während Goldmund ihn bewundert wegen des vermeintlichen Friedens in seinem Leben.

Noch einmal, nun schon vom Leben verbrannt und verzehrt, begibt Goldmund sich auf die Wanderschaft, auf eine glücklose Reise, von der er sterbenskrank zurückkehrt. Bewacht von seinem Freund Narziß stirbt Goldmund unversöhnt mit Gott, aber im Einklang mit der »Urmutter«, die alle Gegensätze des Lebens umschließt, deren wahrhaftes Bild darzustellen Goldmund jedoch nicht mehr vergönnt sein wird.

Soweit das Inhaltliche, – ein ungewöhnliches Seelendrama, das sich zwischen den Polen des Lebens: Geistigkeit und Sinnlichkeit, Kultur und Natur, Bewahrung und Bewährung, Künstlichkeit und Kunst abspielt und, nach dem Vorbild des klassischen Entwicklungsromans, einen in sich geschlossenen Lebensprozeß vergegenwärtigt.

Was ist es nun, das in dieser eigenartig verschachtelten Erzählung bei der heutigen Jugend diese starke Anziehungskraft bewirkt? Ich glaube, daß es weniger die breite, weltanschauliche Darlegung von Hesses Einstellung zur Religion und der Frage nach dem Sinn des Lebens ist, als vielmehr die psychische Problematik des Stoffes. Sie läßt sich in vier Punkten formulieren:

1. Die verbannte Mutter
2. Die Polarität von Geist und Gefühl
3. Die Spannung von Freiheit und Ausdruck
4. Die Sehnsucht nach der Urmutter.

Erst nach einer Analyse der psychischen Konflikte und Strukturen der Erzählung werden wir wohl die Faszination verstehen können, die von Hermann Hesses religiös-philosophischer Vision ausgeht.

Die verbannte Mutter

Der Titel der Erzählung lautet zwar »Narziß und Goldmund«, doch dürfte bereits aus der Inhaltsangabe deutlich geworden sein, daß es im Grunde wesentlich um das Schicksal Goldmunds geht, das von Narziß seinen Ausgang nimmt und am Ende zu Narziß zurückkehrt. Narziß ist es, der, trotz seiner polar entgegengesetzten Lebensführung, Goldmund auf einen Weg weist, der ihn mitten in die Welt hinein durch Schuld und Verfehlung, Liebe und Mord, Sehnsucht und Not zu sich selber führt.

Diese seelische Odyssee beginnt, als Narziß an das Geheimnis im Leben Goldmunds rührt, an das Bild der verlorenen Mutter. Man behauptet wohl nicht zu viel, wenn man die allmähliche Aufklärungsarbeit von Narziß als einen psychoanalytischen Vorgang bezeichnet, der mit einer plötzlichen Reizdeutung und dem jähen Freilegen des verdrängten Kerns in Goldmunds Innerstem abschließt. Für eine solche Charakterisierung der Vorgänge spricht, daß sich Goldmund an seine Mutter so gut wie nicht zu erinnern vermag und daß ihm ihre Gestalt wie von außen in Erinnerung gerufen werden muß, daß gegenüber dieser Bewußtmachung schwere Widerstände bestehen, deren Heftigkeit in der Ohnmacht Goldmunds deutlich wird, und daß sich Narziß nicht an dem orientiert, was Goldmund sagt, sondern an dem, was er nicht sagt. Alle diese Eigentümlichkeiten

lassen sich wohl am einfachsten damit ausdrücken und
verstehen, daß die Mutter in Goldmund zwar verdrängt
worden ist, doch noch genügend starke Nachwirkungen
des Verdrängten in ihm wirksam sind. Narziß erkennt:
»Goldmund weiß angeblich nichts von seiner Mutter, als
daß er sie früh verloren hat. Es macht aber den Eindruck,
als schäme er sich ihrer. Und doch muß sie es sein, von
der er die meisten seiner Gaben geerbt hat; denn was er
über seinen Vater zu sagen hat, läßt diesen Vater nicht
als den Mann erscheinen, der einen so hübschen, vielbe-
gabten und eigenartigen Sohn hat.«

Es stellt sich heraus, daß die Mutter dem Vater entlau-
fen ist und daß dieser den Knaben sozusagen zur Buße
für die Sünden seiner Mutter ins Kloster gegeben hat.
Der Vater erscheint hier als eine undurchsichtige, dro-
hende und extrem verbietende Gestalt, welche die Macht
der Natur in Goldmund unterdrückt und damit einen
tiefen inneren Zwiespalt in dem Jungen hervorruft. So
hat sich der väterliche Einfluß als eine künstliche und
wesensfremde Projektion über das Bild der Mutter gelegt
und Goldmund gezwungen, sich der Wissenschaft und
der Askese hinzugeben, während er in Wirklichkeit, wie
Narziß erkennt, wenn nicht zum Künstler, so doch zu
einem »Menschen von großer Liebeskraft« berufen ist.

Goldmund ist also zutiefst gespalten zwischen den
Ansprüchen seines Vaters und den Anlagen seiner Mutter. Während der Vater mit seinen moralischen und religiösen Forderungen das Über-Ich repräsentiert, verkörpert die Mutter den ganzen Reichtum der Triebwünsche.
Unter der Härte der Zensur sind die Es-Ansprüche verdrängt worden, und Goldmund bemüht sich, jedenfalls
zunächst, in seinem Bewußtsein den Über-Ich-Forderun-

gen mustergültig zu entsprechen. Eine Änderung dieser Einstellung kann erst erfolgen, als an die Stelle des Vaters in der Person von Narziß eine neue Autorität tritt, die innerhalb des alten überkommenen Schemas akzeptiert wird und dennoch neue Entscheidungen ermöglicht. Nicht zufällig argumentiert Narziß lange Zeit rein religiös und versucht, Goldmund zu zeigen, daß Gott eine größere Wirklichkeit ist, als die Grenzen der Moral sie zu umschreiben vermögen. »Die Liebe zu Gott ... ist nicht immer eins mit der Liebe zum Guten. Ach, wenn es so einfach wäre! Was gut ist, wissen wir, es steht in den Geboten. Aber Gott ist nicht nur in den Geboten ... du kannst bei den Geboten stehen und kannst weit von Gott weg sein.« Indem auf diese Weise die Über-Ich-Ansprüche in sich selbst neu strukturiert werden, kann der Durchbruch des latent Mütterlichen durch die Verdrängungsdecke gelingen.

Es ist nun aber keineswegs so, daß damit der innere Vater aufgehört hätte wirksam zu sein. Wohl ist er nicht mehr imstande, bei Goldmund eine strikte Befolgung seiner Vorschriften im Sinne eines klösterlichen Lebens durchzusetzen, aber er vermag Goldmund sein ganzes Leben lang daran zu hindern, jemals in einem bürgerlichen Leben, in einer Ehe etwa, zufrieden zu werden. Oder sollte es reiner Zufall sein, daß immer dann, wenn Goldmund sich innerlich stark zu einer Frau hingezogen fühlt und seine Liebe dauerhafte Wurzeln zu bilden beginnt, augenblicklich der verbietende Vater entweder als rechtmäßiger Ehemann (so bei Lise und Agnes) oder als wirklicher Vater (so bei Lydia und Julie) mit Ausweisung oder gar mit Todesdrohung dazwischen tritt? Daß es sich psychoanalytisch hier nicht gut um eine zufällige

Anhäufung unglücklicher Umstände handeln kann, daß wir es vielmehr mit einem voll und ganz ödipal fixierten Problem zu tun haben, zeigt der Umstand, daß Goldmund unter Liebe letztlich versteht, seine Mutter zu lieben, ja, daß er andere Frauen nur so lieben kann wie seine Mutter.

Was aber ist diese Mutter für Goldmund? Die Antwort ist vielschichtig. Die Mutter – das ist für Goldmund ein komplexbeladenes Zwischenwesen aus Madonna und Dirne.

Gleich nach der Entdeckung der Mutter in seinem Inneren gesteht Goldmund seinem Freund Narziß, er habe in seinem Leben wohl niemanden so geliebt wie seine Mutter, »so unbedingt und glühend, nie habe ich jemand so verehrt, so bewundert, sie war Sonne und Mond für mich«. Alles Licht und alles Leben geht für Goldmund von der Mutter aus. Sie ist für ihn ein überirdisches Wesen, dem er geradezu religiöse Anbetung entgegenbringt. Nicht nur, daß Goldmund sein Leben lang eine große Zuneigung zu Muttergottesdarstellungen hat und auf seine Weise ein Marienverehrer bleibt, er sieht auch in den Frauen, die er liebt, auf der einen Seite erhöhte, mütterliche, vollkommene, madonnenhafte Wesen (Frau und Mutter sind eins), auf der anderen Seite erscheinen die Frauen, wenngleich innerhalb der Hesseschen Erzählung selbst diese Wertung nicht ausgesprochen wird, als dirnenhafte Wesen, die sich dem attraktiven Goldmund wohlfeil anbieten und sich ihm widerspruchslos hingeben. Man könnte sagen, so wie vorher die Gestalt der Mutter, so wird jetzt die Gestalt des Vaters mit seinen Verboten verdrängt, und nur noch in der Heimlichkeit des Tuns gegenüber dem Vater bzw.

dem Gatten zeigt sich das alte schlechte Gewissen.

Die Ambivalenz Goldmunds der Mutter gegenüber ist aber nicht nur moralisch bedingt, sondern geradezu metaphysisch begründet: Die Mutter verkörpert zugleich die Pole von Leben und Tod. Einerseits ist und bleibt die Mutter die Madonna: »Im Wiederholen langer Gebete an die heilige Mutter Gottes ließ er den Überschwall des Gefühls, das ihn zu seiner eigenen Mutter zog, von sich strömen.« Andererseits enthält das Bild der Mutter »auch alles Furchtbare und Dunkle, alle Gier, alle Angst, alle Sünden, allen Jammer, alle Geburt, alles Sterbenmüssen«. Auf der einen Seite also ist die Mutter die Lebenspendende, Gewährende, Liebevolle, zugleich aber auch die Lockende, Verschlingende und Tötende. In Goldmunds Phantasie werden »Mutter, Madonna und Geliebte eins«. Nachher jedoch erscheinen ihm diese Träume »wie entsetzliche Verbrechen und Gotteslästerungen, wie niemals mehr zu sühnende Todsünden; zu anderen Malen fand er in ihnen alle Erlösung, alle Harmonie«. Wir verstehen, warum: Das Bild der Mutter, der Frau, ist rein ödipal einerseits der Inbegriff allen Glücks, die Zielvorstellung allen Strebens, andererseits aber liegt gerade darin wiederum rein ödipal die lebensbedrohende Gefahr, welche die magische Verzückung, mit der Goldmund sich zur Mutter hingezogen fühlt, durch die väterliche Zensur zur tödlichen Bedrohung macht. Einklang kann es unter diesen Umständen nur dann geben, wenn die extremen Gegensätze von Vater und Mutter (die sich weder in ihrem Leben miteinander vertragen haben, noch in ihren introjizierten Formen in Goldmund vertragen können) miteinander verbunden werden. Nur in ihrer Vereinigung würde so etwas wie Harmonie möglich.

Gerade gegen diese Vereinigung aber von Madonna und Begierde wehrt sich der ganze Anspruch der ödipalen Moral, d. h. der autoritären Triebunterdrückung durch Kirche und Gesellschaft. Indem beide Aspekte also, Verlockung wie Gefahr, auf die Mutter zurückfallen, weitet sich ihr Bild ins Kosmische zum Urbild der Vereinigung aller Gegensätze des Lebens: von Geburt und Tod, Reinheit und Schuld, Ursprung und Ende, Trennung und Heimkehr. Auf diese Weise gewinnt die Gestalt der Mutter noch eine weitere Dimension: Sie wird zum Inbegriff des Lebens selbst, zur ewigen Eva, sie wird »das Leben selbst als Urmutter«, die »Eva-Mutter ... als ältestes und geliebtestes Heiligtum seines Herzens«. Wie in der indischen Religion die Gestalt der Parvati-Kali die Züge der lebenerhaltenden und lebensvernichtenden Muttergöttin in sich trägt, so sieht auch Goldmund »die ewige Mutter, die uralte und ewig junge, mit dem traurigen und grausamen Liebeslächeln«, in deren Schoß er im Tode zurückkehrt und die darzustellen der Sinn seines Lebens wird. »Die Mutter des Lebens konnte man Liebe oder Lust nennen. Die Mutter war Eva, sie war die Quelle des Todes, sie gebar ewig, tötete ewig, in ihr waren Liebe und Grausamkeit eins und ihre Gestalt wurde zum Gleichnis und heiligen Sinnbild, je länger er sie in sich trug.«

Als *metaphysische* Verkörperung des Lebens schlechthin entwickelt sich *das Bild der Mutter* zum Gegenprinzip des Vaters, des Geistes. Die Mutter wird zum dionysischen Prinzip der Vitalität, der Triebhaftigkeit, der – auch und besonders künstlerischen – Fruchtbarkeit, der Freiheit, aber darin zugleich auch der Vergänglichkeit, des Todes. *Der Vater* hingegen steht für das Prinzip des Geistes, der Zucht, der Ordnung, der Idee.

Führen wir diese im Grunde bereits philosophischen Perspektiven, auf die wir gleich noch kurz eingehen werden, auf den psychologischen Kern zurück, so erhalten wir wieder das bekannte Bild: Die Mutter ist die Gewährende, Spendende, zum Leben in allen Formen Ermunternde und Verführende, der Vater hingegen der einengende, verbietende, zur Unfreiheit zwingende, lebensfremde oder gar lebensfeindliche Widersacher und Widerspruch. Entsprechend gilt der Mutter alle Liebe und dem Vater aller Haß, sollte man meinen. Aber davon ist in der Erzählung auffallenderweise keine Rede! Zwar hören wir aus dem Munde von Narziß einigen Tadel am Vater, aber von einem entschlossenen Protest gegenüber dem Vater vernehmen wir nichts. Anscheinend sind die Feindseligkeitsgefühle dem Vater gegenüber späterhin völlig verdrängt. Allerdings gibt es *eine* Szene, welche die ganze ödipale Feindseligkeit zum Ausdruck bringt: Als Goldmund den Mann erschlägt, der Lene überfällt und vergewaltigt, heißt es bei Hesse, daß Lene den Vorgang »mit einem entrückten Blick voll Wollust und Bewunderung« verfolgt. Obschon Goldmund Schuldgefühle nach diesem Mord hat, erscheint ihm hernach im Traum »das Eva-Gesicht« mit »Augen von Wollust und voll Mordlust«. Schon aus diesem Traumbild ist leicht zu ersehen, daß Lene bei der Szene der Vergewaltigung die Rolle der Mutter eingenommen hat. Deshalb muß der »Unhold« unzweifelhaft der Vater selber sein, und von daher wird auch das sadistische Wohlgefallen verständlich, das den Mord begleitet: Es geschieht dem Vater nur recht, ermordet zu werden, da er die Mutter vergewaltigt hat – ein Vorwurf, der zu den Prägungen Goldmunds gut paßt, da doch der Vater aus der guten und liebevollen Mutter eine Hexe gemacht hat; mehr noch: der Vater-Unhold vergeht sich an der Mutter-Lene, indem er sie in die Brust beißt. Wir können das dahingehend interpretieren, daß der Vater buchstäblich das Mütterliche an der Mutter »gefressen« hat. Erst Goldmunds Einschreiten rettet Lene und die Mutter. An dieser recht grausig ausgemalten Stelle verdichten sich alle Vorwürfe und Haßgefühle gegen den Vater, allerdings unbewußt, verdrängt; eben das macht das Unheimliche der ganzen Episode aus.

Unter diesem Blickwinkel werden bei näherem Hinsehen noch einige Einzelzüge auffallen: z. B. daß der Mann von Agnes den überführten Goldmund für den Besuch bei seiner Gattin *hängen* lassen will; wieder finden wir hier die ödipale Verbindung der *Kastrationsdrohung* mit dem Besitz der Mutter, die Goldmund in der Gestalt der Agnes auf magische Weise in den Bann schlägt. Und schließlich stoßen wir auch auf eine gewisse latente Homosexualität, die sich als Folge des überall bemerkbaren Ödipus-Komplexes erklären läßt; – man achte nur darauf, welcher Versuchung sich Narziß gegenüber Goldmund zu erwehren hat!

Die Polarität von Geist und Gefühl

Mit der Polarität von Vater und Mutter geht auch der Gegensatz von Geist und Gefühl einher, also von dem Hunger nach Erfahrung und der zur Sterilität neigenden Ordnung. Mit Hesses Worten: »Entweder lebte man, ließ seine Sinne spielen, sog sich voll an der Brust der alten Eva-Mutter – dann gab es zwar manche hohe Lust, aber keinen Schutz gegen die Vergänglichkeit... Oder man setzte sich zur Wehr, man sperrte sich in eine Werkstatt ein und suchte dem flüchtigen Leben ein Denkmal zu bauen – dann mußte man auf das Leben verzichten... Man dorrte dabei ein und verlor die Freiheit.« Auf der einen Seite also regt sich in Goldmund sehr stark das Bedürfnis nach Leben, und zwar maßlos, uneingeschränkt, total, mit einer durchaus infantil zu nennenden Neigung, sich vollzusaugen mit ungehemmter oraler Gier und Überansprüchlichkeit. Auf der anderen Seite aber merkt Goldmund, daß ihn ein solches Leben der maßlosen Erwartung mit Notwendigkeit fortschwemmen muß, daß im Strom des Lebens nichts Dauerhaftes, Bleibendes, Unvergängliches enthalten ist, ja daß er sich, sobald er sich kopfüber ins Leben stürzt, in ein rastloses Auf und Ab von Freude und Leid, Glück und Unglück, Lust und Schmerz hineinbegibt, das ihn verschlingen und nichts mehr von ihm übriglassen wird. So entsteht in ihm das Leid über die Vergänglichkeit aller Güter des Lebens und seine Sehnsucht nach dem Ewigen. Da Goldmund sich indessen dem Ewigen nicht in der Form des reinen Denkens zu überlassen vermag, pendelt er ständig, ebenso fasziniert wie unerfüllt, zwischen den Polen der Anschauung und des Denkens, der Sinnlichkeit und der Askese, des Lebenshungers und der Beschränkung hin und her. »Es schien alles Dasein auf der Zweiheit, auf den Gegensätzen zu beruhen; man war entweder Frau oder Mann, entweder Landfahrer oder Spießbürger, entweder verständig oder gefühlig – nirgends war Einatmen und Ausatmen, Mannsein und Weibsein, Freiheit und Ordnung, Trieb und Geist gleichzeitig zu erleben, immer mußte man das eine mit dem Verlust des anderen bezahlen, und immer war das eine so wichtig und begehrens-

wert wie das andere.« Es lohnt sich, diese Gegensatz-
reihe genau zu betrachten, denn sie erweitert die uns nun
schon bekannte Polarität von Vater und Mutter, Mann
und Frau durch weitere Verbindungen und Entspre-
chungen: Mannsein bedeutet, ein Leben in der Ordnung
und im Geist zu führen, verständig und bieder nach der
Weise eines Spießbürgers, stets verkrampft und in sich
zurückgenommen; Weibsein bedeutet ein ausatmendes
Sichverströmen, ein Leben aus dem Gefühl, aus dem
triebhaften Drang, es bedeutet, durchaus unvernünftig,
ungeordnet, frei und ungebunden als Vagabund des Da-
seins zu existieren. Das Pendeln zwischen diesen beiden
Polen des Lebens führt bei einem Mann wie Goldmund,
dem das mütterliche Glück der Fruchtbarkeit eines Kindes versagt ist, zu dem Erleben einer ständigen Unausge-
fülltheit, einer »Lücke und Sehnsucht«, einer ewigen
Unfertigkeit und einem ewigen Schmerz, dem Gefühl
letzter Unvollkommenheit und Erbsündlichkeit.

Die Spannung von Freiheit und Ausdruck

Goldmund, der gegenüber Narziß den mütterlichen Pol
des Lebens verkörpert, spürt gleichwohl, »daß sein Weg
zur Mutter führe«. »Die väterliche Seite des Lebens, der
Geist, der Wille, war nicht seine Heimat. Dort war Narziß zu Hause...« Die Mutter aber, die, wie schon gesagt, die Gegensätze von »Liebe« und »Wollust«, des
»Glücks... und des Todes«, der »Liebe und Grausamkeit« umschließt, diese Quelle des Lebens wie des Todes
eröffnet Goldmund wohl »die wilde Freiheit der Wälder..., den Rausch der Weite, die herbe Wollust der
Gefahr, den Stolz des Elends«, zugleich aber bleibt in

ihm die unerreichbare Sehnsucht nach dem geistigen Prinzip erhalten, das Narziß verkörpert. Als eine Vereinigung dieser zerreißenden Gegensätze, als ein Ziel seiner Sehnsucht erspürt Goldmund die *Kunst:* »die Kunst war die Vereinigung von väterlicher und mütterlicher Welt, von Geist und Blut, sie konnte im Sinnlichsten beginnen und ins Abstrakteste führen, oder konnte in einer reinen Ideenwelt ihren Anfang nehmen und im blutigsten Fleische enden. Alle jene Kunstwerke, die... vom ewigen Geheimnis erfüllt waren, ... hatten dies gefährliche, lächelnde Doppelgesicht, dies Mann-Weibliche, dies Beieinander von Triebhaftem und reiner Geistigkeit.« Die Kunst also erscheint hier als Einheit des Weiblichen mit dem Männlichen; weiterhin beruht sie auf der Einschränkung des mütterlichen Prinzips der ungebundenen Freiheit und des triebhaften Schweifens, – sie ist nur möglich durch eine freiwillige Form von Verzicht. Denn »die Kunst war kein reines Geschenk, sie war keineswegs umsonst zu haben, sie kostete sehr viel, sie verlangte Opfer«.

»Das Freisein, das Schweifen im Grenzenlosen, die Willkür des Wanderlebens, das Alleinstehen und Unabhängigsein«, auf all das muß Goldmund schließlich verzichten, um sein Werk zu vollbringen. Der künstlerische Ausdruck ist das Gegenstück zur Freiheit des Erlebens, und beide verhalten sich im Kunstwerk zueinander wie Form und Stoff.

Gerade in dieser *Bändigung* der Gegensätze sieht Goldmund denn auch den Unterschied zwischen Kunst und Handwerk. »Für ihn waren Kunst und Künstlerschaft wertlos, wenn sie nicht brannten wie Sonne und Gewalt hatten wie Stürme, wenn sie nur Behagen brachten, nur Angenehmes, nur kleines Glück.« Aber stets gefährdet der Vagabund in ihm auch den Künstler, bedroht seine Unstetigkeit die Festigkeit und Beherrschung der Form. »Tief rührte sich ... das Blut der Mutter in Goldmund, der Stolz und die Verachtung des Heimatlosen gegen die Seßhaften und Besitzenden. Zuweilen war ihm das Handwerk und der Meister [der Bildhauer Nikolaus] zuwider wie fädige Bohnen, oft war er nahe am Davonlaufen.« Dennoch gibt ihm der Aufenthalt bei diesem Bildhauer ein Stück Heimat. Als er nach der Pest in die Stadt zurückkommt, verspürt er sogar ein »Heimatgefühl« und beginnt, »die Seßhaften zu beneiden« »in ihren hübschen, sicheren Häusern, in ihrem befriedeten Bürgerleben, in ihrem beruhigenden und stärkenden Gefühl von Heimathaben, von Zuhausesein in Stube und Werkstatt, zwischen Weib und Kind, Gesinde und Nachbarschaft«.

Oft erfaßt ihn inmitten seines dahintreibenden, haltlosen Lebens ein Gefühl der Schuld und der Selbstverachtung, gepaart nicht so sehr mit Reue, als vielmehr mit Anklagen gegen die Schöpfung, d. h. im Grunde erneut gegen den Vater. So beichtet er bei seiner Rückkehr in die Stadt des Meisters Nikolaus in einem leeren Beichtstuhl: »Lieber Gott, sieh, was aus mir geworden ist. Ich komme aus der Welt zurück und bin ein schlechter, unnützer Mensch geworden, ich habe meine jungen Jahre vertan wie ein Verschwender, wenig ist übriggeblieben. Ich habe getötet, ich habe gestohlen, ich habe gehurt, ich bin müßiggegangen und habe anderen das Brot weggegessen. Lieber Gott, warum hast du uns so geschaffen, warum führst du uns solche Wege? Sind wir nicht auch deine Kinder ... Ich bin irre an dir geworden, Gottvater, du hast die Welt übel geschaffen, schlecht hältst du sie in Ordnung.« Und doch weiß er, und so bestätigt es auch Narziß, daß es für sein Leben eine Rechtfertigung nur in der Ehrlichkeit und Wahrheitstreue der Kunst gibt. Gerade auf dem Wege seiner heimatlosen Armut und seines scheinbar unnützen Lebens ist Goldmund in Wahrheit reich und reif geworden, so sehr, daß der Abt Narziß ihn darum beneidet und sogar die Rechtmäßigkeit seines eigenen Weges als Theologe in Frage stellt. Denn das hatte »Goldmund ihm gezeigt, daß ein zu Hohem bestimmter Mensch sehr weit in die blutige, trunkene Wirrsal des Lebens hinabtauchen und sich mit vielem Staub und Blut beschmutzen könne, ohne doch klein und gemein zu werden, ohne das Göttliche in sich zu töten, daß er durch tiefe Verdunkelungen irren könne, ohne daß im Heiligtum seiner Seele das göttliche Licht und die Schöpferkraft erlosch«.

So verstehen wir, warum Narziß seinem Freund Goldmund keine strenge Buße, sondern lediglich die Einübung der Ordnung auferlegt. Denn sein eigenes »Leben der Ordnung und des strengen Dienstes«, sein »Streben nach Klarheit und Gerechtigkeit« war vom Standpunkt »der Vernunft und der Moral aus gesehen« zweifellos »sehr viel reiner und besser als das Leben eines Künstlers, Vagabunden und Weiberverführers«. Aber es stellt sich für Narziß wieder die alte Frage, die er damals für Goldmund so entschieden beantwortet hatte, ob jemand, der in der Ordnung ist, auch schon in Gott ist: »... von oben gesehen, von Gott aus gesehen – war da wirklich die Ordnung und Zucht eines exemplarischen Lebens, der Verzicht auf Welt und Sinnenglück, das Fernbleiben von Schmutz und Blut, die Zurückgezogenheit in Philosophie und Andacht besser als das Leben

Goldmunds? War der Mensch wirklich dazu geschaffen, ein geregeltes Leben zu führen, dessen Stunden und Verrichtungen die Betglocken anzeigten? War der Mensch wirklich dazu geschaffen, den Aristoteles und Thomas von Aquin zu studieren, Griechisch zu können, seine Sinne abzutöten und der Welt zu entfliehen? War er nicht von Gott geschaffen mit Sinnen und Trieben, mit blutigen Dunkelheiten, mit der Fähigkeit zur Sünde, zur Lust, zur Verzweiflung?« Ist nicht, anders ausgedrückt, der Weg der nach Verstand und Moral geordneten Vollkommenheit eine Vergewaltigung und Versündigung an der Natur?

Auch Narziß glaubt nicht an einen Einklang, an eine ursprüngliche Harmonie von Trieb und Geist, auch er sieht beide im Kampf miteinander, auch für ihn bedeutet die Wahl des einen den Verzicht des anderen, auch für ihn gibt es zwischen beidem nur die Entscheidung eines Entweder-Oder. Der Abt gibt zu, daß auch und gerade der Künstler einen Weg zum »Geheimnis des Seins« beschreitet, gerade so wie der Denker und Philosoph. Aber hat dieser einen Vorrang, wenn es dem Künstler gelingt, dieses Geheimnis »viel lebendiger« auszudrükken, »als die meisten Denker es können«? »Unser Denken«, gesteht er Goldmund, »ist ein beständiges Abstrahieren, ein Wegsehen vom Sinnlichen, ein Versuch am Bau einer rein geistigen Welt. Du aber nimmst gerade das Unbändigste und Sterblichste ans Herz und verkündest den Sinn der Welt gerade im Vergänglichen. Du siehst nicht davon weg, du gibst dich ihm hin, und durch deine Hingabe wird es zum Höchsten, zum Gleichnis des Ewigen. Wir Denker suchen uns Gott zu nähern, indem wir die Welt von ihm abziehen. Du näherst dich ihm, indem du seine Schöpfung liebst und nochmals erschaffst. Beides ist Menschenwerk und unzulänglich, aber die Kunst ist unschuldiger.«

In all seiner Schuld und Verzweiflung ist Goldmund am Ende also Gott näher als der Abt Narziß, denn »es war vielleicht nicht bloß kindlicher und menschlicher, ein Goldmund-Leben zu führen, es war am Ende auch wohl mutiger und größer, sich dem grausamen Strom und Wirrwarr zu überlassen, Sünden zu begehen und ihre bitteren Folgen auf sich zu nehmen, statt abseits der Welt mit gewaschenen Händen ein sauberes Leben zu führen, sich einen schönen Gedankengarten voll Harmonie anzulegen und zwischen seinen behüteten Beeten sündelos zu wandeln. Es war vielleicht schwerer, tapferer und edler, mit zerrissenen Schuhen durch die Wälder und auf den Landstraßen zu wandern, Sonne und Regen, Hunger und Not zu leiden, mit den Freuden der Sinne zu spielen und sie mit Leiden zu bezahlen.« So steht der reiche Narziß schließlich arm vor dem Vagabunden Goldmund, der die Fülle der Welt zumindest versuchsweise in Gestalten von ewiger Dauer zu bannen vermocht hat.

Narziß, der den männlichen, väterlichen Weg verkörpert, endet konsequenterweise bei einem Denken reiner Formen ohne Anschauung, bei der Darstellung des Ewigen in der übersinnlichen, unanschaulichen Abstraktheit von Ideen; Goldmund indessen, der den mütterlichen Weg beschreitet, gelangt zur Darstellung des Ewigen in den Formen des sinnlich Faßbaren, Anschaulichen und Lebendigen. Der Geist, wie ihn Narziß verkörpert, klammert das Leben und die Schöpfung aus und macht sich in gewissem Sinne schuldig vor dem Gott der Schöpfung.

Goldmund hingegen steht als Künstler auf der Seite der mütterlichen Fruchtbarkeit, der Schöpfung selbst; er findet durch die Welt zum Ewigen.

So erweist sich im Grunde allein die Kunst als eine echte Verbindung des Väterlichen und des Mütterlichen, dieses Urgegensatzes, der das Leben draußen wie drinnen durchzieht. Goldmunds Kunst aber beginnt bezeichnenderweise damit, daß er seinen väterlichen Freund Narziß darstellt und somit das väterliche Prinzip der Ordnung und der Beschränkung abbildet, Narziß hingegen bleibt, dem Leben entfremdet, bei einem Geist stehen, der die lebendige Wirklichkeit ausklammert, statt sie zu integrieren. Narziß verkörpert die Reinheit dessen, wonach sich Goldmund sehnt und dessen er bedarf, aber man hat deutlich den Eindruck, als empfinge Narziß erst vom entgegengesetzten Pol, vom Leben Goldmunds her, seine Rechtfertigung, so wie freilich auch dieser erst gerechtfertigt ist, als er zu Narziß zurückfindet. Doch der Unterschied zwischen beiden ist deutlich: Goldmund umgreift die ganze Wirklichkeit, Narziß ist nur ein Ingredienz derselben; eben deshalb ist die Zentralfigur der Hesseschen Erzählung Goldmund, Narziß nur der Ausgangs- und Endpunkt.

Die Sehnsucht nach der Urmutter

Dennoch verhält es sich keineswegs so, daß Goldmund in sich eine *wirkliche* Vereinigung der Gegensätze zustande brächte. Der Weg der Kunst stellt zwar *an sich* eine Verbindung des väterlichen und des mütterlichen Prinzips dar, aber er führt zu einem Ewigen, das sich im Gedanken und in der Abstraktion nicht erschöpft, son-

dern das in immer neuen Gestaltungen sich selber um-
formt und hervorbringt. Der Gegensatz bleibt: Das
Ewige, zu dem Narziß hinfindet, ist väterlich geprägt:
die reine Klarheit des Verstandes. Das Ewige Goldmunds aber ist die Ewigkeit des Lebens selbst, das Mütterliche. Alles Bemühen Goldmunds, die Urmutter darzustellen, muß ihm deshalb versagt bleiben, obgleich
seine ganze Unrast, die Suche nach seiner Freiheit und
das Streben seiner Kunst gerade dieser Absicht gilt:
»... so hoffte er selbst einst... das Bild der weltlichen,
der Eva-Mutter so zu gestalten, wie es als ältestes und
geliebtestes Heiligtum in seinem Herzen stand. Aber
dieses innere Bild, einst nur Erinnerungsbild seiner eigenen Mutter und seiner Liebe zu ihr, war im beständigen
Wandel und Wachstum begriffen. Es hatte die Züge der
Zigeunerin Lise, die Züge der Ritterstocher Lydia...,
und nicht nur hatten alle Gesichter von geliebten Frauen
an dem Bilde weiter geschaffen, es hatte auch jede Erschütterung, jede Erfahrung und jedes Erlebnis an ihm
gebildet und ihm Züge mitgegeben. Denn diese Gestalt,
wenn es ihm später einst gelänge, sie sichtbar zu machen,
sollte ja nicht eine betimmte Frau darstellen, sondern das
Leben selbst als Urmutter.«

Das ganze Leben Goldmunds ist ein Suchen nach dieser Urmutter, nach dem Urbild des Lebens selbst, seinem
Wesen, und so wie er in allen Frauen letztlich seine
Mutter liebt *und nicht lieben darf,* so erweitert sich
zugleich unter dem Eindruck seiner Erfahrung das Bild
der Mutter zum unerreichbaren Urbild des Lebens.

Insofern bleibt auch sein Streben als Künstler trotz
allem letztlich eine *Absage an den Vater.* Noch vor seinem Tod gesteht er Narziß: »... den Frieden mit Gott...

habe ich nicht gefunden. Ich will keinen Frieden mit ihm. Er hat die Welt schlecht gemacht, wir brauchen sie nicht zu preisen, und ihm wird ja auch wenig daran gelegen sein, ob ich ihn lobpreise oder nicht.« Es ist deutlich, wie an dieser Stelle die Psychologie in Religion und Weltanschauung umschlägt. Wieder taucht das Bild des ausstoßenden, gleichgültigen Vaters auf, der keines Dankes würdig ist und zu dem es weder eine erklärte und offene Feindschaft noch eine überhaupt irgendwie geartete intensive Gefühlsbeziehung gibt. Die einzige Verbindung zum Vater, dessen Existenz nicht geleugnet wird, obwohl er faktisch nicht mehr existiert (es sei denn in Form steter Gewissensskrupel), ist eine kühle, ablehnende Gleichgültigkeit und abweisende Distanz, ja, Verachtung. Mitunter freilich gerät die Ablehnung des Vaters bis an den Rand einer magischen Tötung, die offenläßt, ob es den Vater überhaupt gibt, oder ob es gelingt, ihn sozusagen durch den Zweifel zu vernichten. So weiß Goldmund z. B. gerade in dem Augenblick, da der Vater in der Gestalt des Gatten der geliebten Agnes ihn mit dem Tode bedroht, nicht mehr, »ob es einen Himmel gebe, und einen Gottvater, und ein Gericht und eine Ewigkeit«. Statt dessen will er nichts als leben, »dies unsichere, vergängliche Leben, dieses Atmen, dieses Zuhausesein in seiner Haut«. Je mehr Goldmund sich dem Ungestüm des Lebens zuwendet, desto mehr verliert er den Vater bis zur Ungewißheit aus den Augen, und vollends ambivalent zu ihm wird seine Einstellung im Augenblick des Todes, der, vom Vater her gesehen, wie eine Strafe über ihn verhängt wird.

Parallel nämlich zum Tod von seiten des Vaters steht das Sterben in den Armen der Mutter, das Sterben, das als Rückkehr zur Mutter ein Teil des Lebens selber ist.

Insbesondere in den Augen der Jüdin Rebekka, deren Vater man ermordet hat, erkennt Goldmund »das Sterbenwollen und Sterbendürfen, die stille Gefolgschaft und Hingabe an den Ruf der Erdenmutter«, und auch er selbst nimmt sein eigenes Sterben im Einklang mit der Macht des Lebens aus den Händen der ewigen Mutter entgegen. Goldmund glaubt nicht an ein Jenseits des Todes: »Der verdorrte Baum ist tot für immer, der erfrorene Vogel kommt nie wieder zum Leben und ebensowenig der Mensch, wenn er gestorben ist. Man mag noch eine Weile an ihn denken, wenn er fort ist, aber auch das dauert ja nicht lange. Nein, neugierig auf das Sterben bin ich nur darum, weil es noch immer mein Glaube oder mein Traum ist, daß ich unterwegs zu meiner Mutter bin. Ich hoffe, der Tod werde ein großes Glück sein, ein Glück so groß wie das der ersten Liebeserfüllung. Ich kann mich von dem Gedanken nicht trennen, daß statt des Todes mit der Sense es meine Mutter sein wird, die mich wieder zu sich nimmt und in das Nichtsein und in die Unschuld zurückführt.«

Einzig im Tod also geht der uralte ödipale Wunsch nach einer Verschmelzung mit der Mutter vielleicht doch in Erfüllung, und der Tod, der als Strafe gerade auf diesem Wunsch steht, verliert, indem er sich vollzieht, zugleich seinen drohenden Charakter: Er leitet zurück in den Zustand der Ungetrenntheit mit der Mutter, der absoluten Einheit mit dem Leben, dessen Preis freilich darin besteht, den Einzelnen auszulöschen.

In summa gelangen wir mithin gerade auf dem Hintergrund der ödipalen Strebung nach der Urmutter und der

Ablehnung des Vaters zu einer quasi religiösen Einstellung, welche die Existenz Gottes zwar nicht leugnet, aber in ihrem Glauben an die Mutter die Frage nach Gott gleichgültig macht. In Anlehnung an manche Vorstellungen der indischen Religion entsteht eine echte Mutterreligion und Mutterverehrung, die im Weiblichen den ewigen Ausdruck des Lebens, den Zwiespalt von Fruchtbarkeit und Tod, von Barmherzigkeit und Grausamkeit, von Freiheit und Verschlingen erblickt und sich diesem Geheimnis in einer ebenso zwiespältigen Mischung aus Lebenshunger und Todessehnsucht öffnet. Daneben besteht zugleich eine metaphysisch zu nennende Polarität von Trieb und Geist, von Leben und Denken, von Freiheit und Ordnung, von Mutter und Vater. Es ist dabei psychologisch interessant, daß das Entweder-Oder zwischen den Polen des Lebens sich in der Form wechselseitiger Verdrängung der jeweils entgegengesetzten Lebenshälfte manifestiert. Nach der Verdrängung der Mutter erfolgt eine teilweise Verdrängung des Vaters.

Kehren wir von daher zurück zu unserer Ausgangsfrage: warum die heutige Jugend von Gestalten wie Narziß und Goldmund so fasziniert ist. Die Antwort ergibt sich allem Anschein nach aus der Vielfalt der folgenden Motive:

1. *Die Sehnsucht nach der verdrängten Mutter:* Es herrscht eine ausgesprochene, bis zur Süchtigkeit reichende Hinneigung zum Mütterlichen mit allen Erwartungen des Lebenshungers, des Liebesgenusses, der warmen Geborgenheit, vermischt zugleich mit einer gehörigen Portion Weltschmerz und Todessehnsucht und

einem Drang zur unbeschränkten Maßlosigkeit, der mit allem Autoritären und Moralischen auf Kriegsfuß steht.

2. *Eine starke Ambivalenz dem Vater gegenüber,* der als Inbegriff des Verbietenden, Rationalen, Gezügelten, Lebensfeindlichen fungiert: Auf der einen Seite wird der Vater, wo nicht geleugnet, so durch Gleichgültigkeit unwirksam gemacht. Auf der anderen Seite aber gelingt die Loslösung vom Vater im Unbewußten nicht. Latent bleibt er der Störende, das untergründige schlechte Gewissen, die quälende, nagende Grundlage für Selbstverurteilung und Selbstverachtung.

3. *Eine insgesamt ödipale Grundsituation:* In Ablehnung des zunächst dominanten Vaters (mitsamt des Rationalen, Vernünftigen, Ordentlichen) entsteht eine Hinwendung zum Ursprünglichen, das als das Mütterliche, Kreative, Sinnliche, Freie, Ungehemmte erscheint und das zugleich ein doch stets unerreichbares Ziel bleibt.

4. *Ein Vagabundieren,* das alles will und daher ständig Gefahr läuft, nichts zu erreichen, und dem es ungeheuer schwerfällt, auf die hochgespannten Ansprüche sich selbst gegenüber zu verzichten und etwas hervorzubringen, das vor diesem Totalitätsanspruch bestehen kann.

5. *Eine Art Lebensphilosophie,* die alles Väterliche, prononciert Männliche, in welchen Repräsentanzen auch immer, als lebensfeindlich, naturwidrig und unzumutbar hemmend verdächtigt, obwohl sie zugleich von einer starken Sehnsucht gerade nach diesem Väterlichen, Autoritären und Rationalen getragen ist.

Aufgrund dieser Feststellungen läßt sich vielleicht sagen, daß es in der heutigen Jugend so etwas wie ein religiöses Suchen gibt, das die autoritäre Dominanz der Vaterreligion im Namen des Lebens ablehnt, weil es bei ihren Bestrebungen zu kurz zu kommen, ja, vergewaltigt zu werden droht; und daß es auch einen damit eng verwandten Hang zum Anarchischen gibt, der weniger politisch als psychisch motiviert ist, wenngleich er sich natürlich auch gesellschaftlich äußern muß; paradoxerweise ist dieser Drang nach uneingeschränkter »vaterloser« Freiheit indessen niemals frei von dem latenten Gegenteil: der Suche und Sehnsucht nach dem Vater.

Die Frage, was die gegenwärtige Beliebtheit Hermann Hesses ausmacht, erweitert sich somit zur Frage, was diese genannten Strukturen hervorbringt: Wieso es kommt, daß das Rationale die Gestalt des unversöhnlich Lebensfeindlichen einnimmt, und zur Frage, woran es liegt, daß der starke, aber abstrakte Vater die gute Mutter zu zerstören droht; woher die Mutter die Gestalt einer verwöhnenden Allesspenderin einnehmen und ein Lebensbild sich verfestigen kann, das jede Einschränkung als lebensvernichtend zu betrachten geneigt ist; woher mit einem Wort weit über Hesse hinaus diese Unversöhnbarkeit und Widersprüchlichkeit von Vater und Mutter herrührt? Sollte es – ein Lösungsvorschlag – daran liegen, daß unsere Gesellschaft diesen Widerspruch zutiefst verankert: eine oral ins Ungemessene verwöhnende Konsumbereitschaft, ja, Konsumpflicht, die gleichwohl mit dem völlig entgegengesetzten Anspruch auf strenge Disziplin und Rationalität auftritt, ohne zu zeigen, wie diese beiden sich ausschließenden Erwartungen miteinander verbunden werden könnten? Sollte die egozentrische Glückssuche Goldmunds, die so viel Schmerz und Hunger mit sich bringt, letztlich getragen sein von einer illusionären Totalverwöhnung unserer Gesellschaft, die richtungslos alles bietet, zugleich aber mit ihrer scheinbaren Verstandeseinseitigkeit und narzißtischen Maßlosigkeit aus Angst alle Menschlichkeit zu verweigern und alles ursprüngliche Leben zu ersticken droht? Könnte nicht die tiefe Religiosität weiter Kreise der Jugend, durchsetzt mit indischer Mystik, ein weltanschaulicher Reflex von Heilserwartungen sein, die zu erfüllen unsere Gesellschaft sich außerstande zeigt, indem sie alles seelische Suchen nach persönlicher Freiheit und Erfüllung auf materielle Surrogate verschiebt und in leeren Anpassungsritualen erstickt?

Soviel scheint sicher: die Beliebtheit Hermann Hesses offenbart in der heutigen Jugend Strebungen, die wohl am reinsten im derzeitigen Hippietum sich auf die einfachste Formel bringen lassen:

Narziß *und* Goldmund.   *(1971)*

Nachwort

Vor 25 Jahren erhielt der damals dreißigjährige und zu diesem Zeitpunkt noch als katholischer Priester amtierende Eugen Drewermann den Besuch eines fünfzehnjährigen Schülers, der sich ein Jahr zuvor mit seiner Freundin vom Gymnasium abgemeldet hatte, um sich in Paris einer Gruppe von chilenischen Musikern anzuschließen. Der seiner Schule Überdrüssige hatte Bücher von Hermann Hesse gelesen und sich so sehr mit Hesses lebenshungriger Romanfigur, dem jungen Aussteiger und künftigen Bildhauer Goldmund identifiziert, daß auch ihm selbst Goldmunds Ausbruch und Sprung ins volle Leben unerläßlich zu sein schien. In Eugen Drewermann, dem Theologen, der damals gerade ein zusätzliches Psychologiestudium absolvierte, mochte er so etwas wie Goldmunds disziplinierten Gegenpol, den künftigen Abt »Narziß« gesehen haben. Und dieser war vom Ernst des jungen Musikers so angetan, daß er ihn nach seinem Intermezzo in Paris bei sich aufnahm und bis zum Abitur unterstützte.

Auf diese Weise kam Eugen Drewermann erstmals – vitaler als durch jede Lektüre – in Berührung mit den Schriften des Literaturnobelpreisträgers Hermann Hesse, der wenige Jahre zuvor von jenem Teil der Jugend wiederentdeckt worden war, der gegen den Vietnam-Krieg opponiert und diesen Dichter aus Deutschland zu einer Kultfigur der amerikanischen Hippie-Bewegung gemacht hatte.

Wie viele Intellektuelle und Publizisten zur Zeit der 68er-Studentenrevolten war Eugen Drewermann gegenüber dieser neuesten, aus den USA importierten »romantischen Mode« und vermeintlichen Laune der »Make love, not war«-Generation zunächst eher skeptisch und ablehnend eingestellt, bis er 1971, irritiert von des jungen Musikers Projektion einer Romanfigur auf sich selbst, damit begann, zunächst »Narziß und Goldmund« und daraufhin immer mehr von Hermann Hesse zu lesen, um sich über die Gründe dieser Analogie klarzuwerden. Die Kluft, die sich dabei auftat, zwischen dem, was in unserem Kulturbetrieb über Hermann Hesse kolportiert wurde, und seinen eigenen Leseerfahrungen, hat Eugen Drewermann gleich nach der ersten Lektüre in einer Art Rechenschaftsbericht zunächst ganz für sich selbst auszuloten und zu überbrücken versucht. Es sind seine Gedanken über »Narziß und Goldmund«, die er als eine »Annäherung aus psychoanalytischer Sicht« bezeichnete und die wohl auch zu seinen frühesten Anwendungen der Erkenntnisse zählen, die er aus dem damaligen Psychologiestudium gewonnen hatte. Von dieser noch ganz an der Sichtweise und Terminologie Sigmund Freuds orientierten Deutung bis zu seinem 23 Jahre später entstandenen Essay »Das Individuelle gegen das Normierte verteidigen« – ein Leitgedanke aus Hesses Büchern und Briefen – ist es ein weiter Weg. Gleichwohl hat er schon damals zwei von Hesses Grundproblemen und Hauptmotiven deutlich erkannt: den Widerstand gegen die mit gottgewollter Legitimation begründete theologische Fremdbestimmung durch den missionierenden Vater und die gleichfalls autobiographisch motivierte, problemgeladene Mutterfixierung, die das Frauenbild in Werk und Leben des Dichters bestimmt hat.

Die Konflikte, die daraus entstehen, »daß man Gott beigebracht bekommt, bevor man ihn überhaupt suchen konnte«, in einer pädagogischen Dressur, bei der »die Tradition über die Sehnsucht, die Normen des Kollektivs über den Einzelnen, die schriftgelehrte Doktrin über die forschende Vernunft siegt«, fand er bei Hesse auf eine so paradigmatische Weise dargestellt, wie bei kaum einem anderen zeitgenössischen Dichter. Hier hatte sich jemand den Mut des eigenen Fragens und Prüfens bewahrt und eine Haltung vorgelebt, die auch Drewermanns eigenen künftigen Weg bestimmen sollte. So hat er, der sonst fast alle Anregungen ablehnt, sich mit Themen zu befassen, die von außen an ihn herangetragen werden, sich 1993 spontan bereit erklärt, beim nächsten der Internationalen Hermann-Hesse-Colloquien mitzuwirken (die seit 1977 alle zwei Jahre in Calw, der Geburtsstadt des Dichters stattfinden), einer wissenschaftlichen Tagung, die 1994 unter dem Motto »Die Antwort bist Du selbst« Hesses Entgegnungen auf Tausende von Briefen seiner Leser zum Themenschwerpunkt gewählt hatte. Gab es doch noch manch andere Gemeinsamkeiten, die diesen alternativen Theologen und protestantischen Katholiken, für den Seelsorge und Seelenheilkunde untrennbar zusammengehören, mit Hermann Hesse verbinden. Denn hier war ein Dichter, der sich von den theologischen Weichenstellungen seiner Vorfahren ebenso befreien mußte wie Eugen Drewermann aus der Enge und Entwicklungsfeindlichkeit einer Kirche, der die Gläubigen scharenweise davonlaufen, weil sie mit ihrer salbungsvoll anachronistischen Formelsprache und mit ihren ebenso rückständigen Antworten auf die Herausforderungen der Gegenwart den Anschluß an den

Erkenntnisstand von Wissenschaft und Forschung verpaßt hat und nach wie vor ein Weltbild konserviert, das spätestens mit dem Zeitalter des Absolutismus überholt war. – Eine Kirche, die sich selbst daran hindert, das, was sie zu bieten hätte, auf eine zeitgemäßere und plausiblere Weise auszuschöpfen.

Wie für Sigmund Freud waren auch für Eugen Drewermann seit jeher die Dichter die ergiebigsten Menschenkenner. Ihr Wissen um die Abgründe und Möglichkeiten seelisch motivierten Verhaltens ist für ihn fruchtbarer als jede psychoanalytische Schematisierung. So scheint ihm denn auch Jesus eher ein Dichter als ein Priester im heutigen Sinn gewesen zu sein. Wie die Gleichnisse der Märchen und der Poesie sind für ihn die Wunder der Bibel keine biologischen und physikalischen Tatsachen, sondern unverzichtbare Mythen und Symbole, deren Wurzeln weit in vorchristliche Kulturen hinabreichen. Ereignisse, die vor nahezu zweitausend Jahren für den Erkenntnisstand der Verfasser des Evangeliums noch Wunder waren, wie damals unerklärliche Krankenheilungen, sind für den heutigen Wissenschaftler, der mit den Forschungen über Suggestion und Hypnose vertraut ist, zwar durchaus noch wunderbar, aber durchaus nicht mehr verwunderlich. So auch die Legende von der Jungfräulichkeit Mariens, die Eugen Drewermann kulturhistorisch bereits in der Jungfrauengeburt der altägyptischen Pharaonen vorgegeben findet, oder die Vorstellung von der Himmelfahrt Christi im Wiedergeburtskreislauf der ägyptischen Himmelsgöttin Nut. Das sind nur zwei von unzähligen Beispielen, die uns zeigen, daß dieser Theologe ernst gemacht hat mit der Erkenntnis Hermann Hesses, der 1930 in einem seiner Briefe schrieb: »Die Mythen der Bibel, wie alle Mythen der Menschheit, sind für uns wertlos, solange wir sie nicht persönlich für uns und unsere Zeit zu deuten wagen [...] So wie die Erkenntnis, also das Erwachen zum Geist, von der Bibel als Sünde dargestellt wird (repräsentiert durch die Schlange im Paradies), so wird das Menschwerden, die Individuation, das Sich-Durch-kämpfen des Einzelnen aus der Masse heraus zur Persönlichkeit stets von Sitte und Herkommen mit Mißtrauen betrachtet [...] Und so scheint mir, läßt sich sehr wohl Kain, der verfemte Übeltäter, als ein ins Gegenteil entstellter Prometheus, als ein für seinen Vorwitz und seine Kühnheit durch Ächtung bestrafter Vertreter des Geistes und der Freiheit auffassen.«

Hätte Hermann Hesse dies nicht als Dichter, sondern als Theologe geäußert, dann wäre es ihm wohl ebenso ergangen wie Eugen Drewermann bei seinen Versuchen, die Glaubenswahrheiten der Kirche dem Menschen des 20. Jahrhunderts verstehbar zu machen. Er wäre dafür von der Kirche, die Drewermann zu regenerieren versucht, gleichfalls mit Strafprozessen verfolgt worden. Dabei müßte den christlichen Kirchen doch eigentlich nichts willkommener sein als solch eine Aktualisierung ihrer Botschaft. Statt dessen werden Reformer wie Hans Küng und Eugen Drewermann von ihrem Priesteramt suspendiert, es wird ihnen die Lehr- und Predigt-Erlaubnis entzogen, und die katholische Kirche verurteilt als Mutwillen einen Mut, von dem ihr eigenes Überleben abhängt. Sie leistet sich damit ein Eigentor, das sie sich angesichts von jährlich bis zu 200 Tsd. Kirchenaustritten (allein bei den Katholiken) nicht mehr lange leisten kann. Unzählige dieser Enttäuschten, die der verknöcherten Orthodoxie und weltfremden Exegese unserer etablierten Kirchenbeamten überdrüssig sind, finden durch Eugen Drewermanns zeitgemäße Evangelien-Deutung einen ganz neuen Zugang zu den verschütteten Quellen christlicher Lebensweisheit und ihren nach wie vor überraschend aktuellen und hilfreichen Antworten auf die Herausforderungen der Gegenwart. Denn solange es den Guten schlecht- und den Schlechten gutgeht, bleiben Korrektive, wie sie u. a. auch die Religionen zu bieten haben, unverzichtbar.

Schon für C. G. Jung und Hermann Hesse waren die Gemeinsamkeiten, welche die auf den ersten Blick so unterschiedlichen Weltreligionen verbinden, weit stärker als das, was sie voneinander trennt. Dies nachzuweisen und damit den Dünkel eines konfessionellen Nationalismus zu bekämpfen, nämlich des Machtanspruchs, allein seligmachend zu sein, wurde fortan zu einem der wichtigsten Anliegen Eugen Drewermanns. Mit Forschungsergebnissen, zusammengetragen aus sämtlichen wissenschaftlichen Bereichen, bis hin zu zeitgemäßen Analysen der Märchenliteratur und europäischen Belletristik, erbringen seine Bücher den Nachweis, daß »die Menschen aller Zonen und Zeiten in vielen ihrer Vorstellungen und Ausdrucksgestalten des Religiösen übereinstimmen«, und daß eine Kirche, welche »die Sittlichkeit auf Gehorsam und Macht gründet, statt auf Einsicht und Freiheit, das Prinzip der Unsittlichkeit selbst ist.« Diese autoritäre Intoleranz und Bevormundung ist für ihn die Hürde, die es zu überwinden gilt. Seine Erkenntnis, »daß die Menschen nicht friedfertig sein können, solange sie in sich selber zerrissen sind und zutiefst darunter leiden, daß wir Angst vor uns selber haben, Angst vor unserer

Freiheit, Angst vor unserer Individualität«, eben dieses Motiv ist auch der rote Faden, der sich durch alle Dichtungen Hermann Hesses zieht.

Doch damit sind die Gemeinsamkeiten zwischen den beiden so sanften Rebellen noch keineswegs erschöpft. Für Hesse, ebenso wie für Drewermann, war es die aktiv praktizierte Psychoanalyse, welche die entscheidende Wende in ihrem Leben herbeigeführt hat. Erst seit seinem 35. Lebensjahr, als der Theologe den Alltag der Psychoanalyse und damit das Leid der unzähligen Menschen kennengelernt hatte, die nicht zuletzt am Anachronismus der Kirchengesetze zerbrachen, vermochte er mit dem Schreiben zu beginnen. Und wie der Dichter ist auch der Theologe zu der ökumenischen Einsicht gekommen, daß die verschiedenen Weltreligionen »so etwas wie Medikamente für spezielle Krankheiten sind und daß nicht für jede Krankheit jedes Medikament geeignet ist.«

»Wir müssen«, empfiehlt Eugen Drewermann, »auch bei anderen Religionen lernen, um Jesus zu verstehen.« So z. B. beim Hinduismus, der sich auch ohne zu missionieren, einzig aufgrund der Toleranz und Überzeugungskraft seines Weltbildes, bei 700 Millionen Menschen nun schon doppelt so lang wie das Christentum zu behaupten vermag.

Das Enzyklopädische, das Komparatistische, Zukunftsorientierte und Interdisziplinäre ist es, was Eugen Drewermann von den rückwärtsgewandten und um ihren althergebrachten Einfluß bangenden Machthabern der Amtskirche unterscheidet. Ihr Haß auf ihn ist wohl, wie jede Aggressivität, ein verkleidetes Minderwertigkeitsgefühl und scheint ihrer Angst vor Kollegen zu entspringen, die besser informiert sind als sie selbst. Denn die wenigsten unserer Kirchenbeamten sind weder Drewermanns seelsorgerischer Intensität noch seinen Kenntnissen gewachsen, die neben dem aktuellen Stand der Natur- und Geisteswissenschaften, den Befunden der Ökologie und Verhaltensforschung auch mit kulturhistorischen und mythologischen Beispielen nicht nur eine fundierte Zivilisationskritik, sondern zugleich konfessionsübergreifende Alternativen aufzeigen, denen alles Dogmatische, Sektiererische, Alleinseligmachende und feierlich Pastorale abgeht. Das verbindet ihn mit Hermann Hesse, der im Dienst an einer Humanisierung des Menschen das gegen den Materialismus gewandte Erbe der deutschen Romantik auf ideologiefreie Weise zu aktualisieren vermochte und mittlerweile in aller Welt Wirkungen zeitigt und Gemeinsamkeiten aufdeckt, ohne welche die Schranken der Nationen und Konfessionen nicht zu überwinden sind.

Volker Michels

Hermann Hesse
Briefe

»Hesse war einer unserer gewissenhaftesten Briefschreiber. In der deutschen Briefliteratur unseres Jahrhunderts ist die Feder Hermann Hesses ohne Zweifel eine der am wenigsten prätentiösen. Er gibt sich von einer immer wieder in Erstaunen setzenden menschlichen Nähe und Eindringlichkeit, einer unermüdbar scheinenden Lebhaftigkeit der Anteilnahme.«   *Karl Krolow*

Gesammelte Briefe. In Zusammenarbeit mit Heiner Hesse herausgegeben von Ursula und Volker Michels. Vier Bände in Kassette. Leinen
    Band 1:   1895-1921
    Band 2:   1922-1937
    Band 3:   1938-1948
    Band 4:   1949-1962
Ausgewählte Briefe. Erweiterte Ausgabe. Zusammengestellt von Hermann Hesse und Ninon Hesse. st 211
Briefe an Freunde. Rundbriefe 1946-1962. Zusammengestellt von Volker Michels. st 380
Kindheit und Jugend vor Neunzehnhundert. Hermann Hesse in Briefen und Lebenszeugnissen. 1. Band: 1877-1895. Ausgewählt und herausgegeben von Ninon Hesse. Leinen und st 1002
Kindheit und Jugend vor Neunzehnhundert. Hermann Hesse in Briefen und Lebenszeugnissen. 2. Band: 1895-1900. Herausgegeben von Ninon Hesse. Fortgesetzt und erweitert von Gerhard Kirchhoff. Leinen und st 1150
Hermann Hesse – Rudolf Jakob Humm. Briefwechsel. Herausgegeben von Ursula und Volker Michels. Leinen
Hermann Hesse – Thomas Mann. Briefwechsel. Herausgegeben von Anni Carlsson (1968), erweitert von Volker Michels (1975), mit einem Vorwort von Prof. Theodore Ziolkowski, aus dem Amerikanischen übersetzt von Ursula Michels-Wenz. Leinen und BS 441
Hermann Hesse – Peter Suhrkamp. Briefwechsel 1945-1959. Herausgegeben von Siegfried Unseld. Leinen

16/1/11.92

Erzählungen von Hermann Hesse
in den suhrkamp taschenbüchern

15/1/2.94

Soziologie, Ethnologie, Politik
in den suhrkamp taschenbüchern

258/1/11.94

Soziologie, Ethnologie, Politik
in den suhrkamp taschenbüchern

Moser, Tilmann: Politik und seelischer Untergrund. Aufsätze und Vorträge. Erstausgabe. st 2258
– Vorsicht Berührung. Über Sexualisierung, Spaltung, NS-Erbe und Stasi-Angst. st 2144

Opfer der Macht. Müssen Politiker ehrlich sein? Herausgegeben von Peter Kemper mit Beiträgen u.a. von Gernot Böhme, Alfred Grosser, Matthias Horx, Oskar Negt, Michael Rutschky, Klaus Staeck und Michael Stürmer. st 2380

Oz, Amos: Bericht zur Lage des Staates Israel. st 2192

Puhl, Widmar: Dichter für die Freiheit. Von der subversiven Kraft der Literatur in Osteuropa. st 2173

Schiffauer, Werner: Die Gewalt der Ehre. Erklärungen zu einem deutsch-türkischen Sexualkonflikt. st 894

Sternberger, Dolf: Drei Wurzeln der Politik. st 1032

Wesel, Uwe: Juristische Weltkunde. Eine Einführung in das Recht. st 2265